麦肯锡经营战略系列

麦肯锡变革期体制转换战略

[日]

大前研一
千種忠昭

等———著

马鑫——译

天津出版传媒集团

天津人民出版社

图书在版编目（CIP）数据

麦肯锡变革期体制转换战略 /（日）大前研一等著；
马鑫译 . —— 天津：天津人民出版社，2018.6
（麦肯锡经营战略系列）
ISBN 978-7-201-13352-2

Ⅰ . ①麦… Ⅱ . ①大… ②马… Ⅲ . ①企业管理－通
俗读物 Ⅳ . ① F272-49

中国版本图书馆 CIP 数据核字 (2018) 第 085808 号

著作权合同登记号：图字 02-2017-349
McKinsey Henkakuki No Taishitsu Tenkan Senryaku
by Kenichi Ohmae
Copyright © 2014 Kenichi Ohmae
Simplified Chinese translation copyright © 2017, Tianjinrenminchubanshe
All rights reserved

Original Japanese language edition published by Masterpeace Co.,Ltd.
Simplified Chinese translation rights arranged with Masterpeace Co.,Ltd.
through Hanhe International(HK) Co., Ltd.

麦肯锡变革期体制转换战略

MAIKENXI BIANGEQI TIZHI ZHUANHUAN ZHANLUE

出　　版　天津人民出版社
出 版 人　黄　沛
地　　址　天津市和平区西康路 35 号康岳大厦
邮政编码　300051
邮购电话　（022）23332469
网　　址　http://www.tjrmcbs.com
电子邮箱　tjrmcbs@126.com

责任编辑　赵　艺
装帧设计　园　里

制版印刷　三河市华润印刷有限公司
经　　销　新华书店
开　　本　710×1000 毫米　1/16
印　　张　17
字　　数　260 千字
版次印次　2018 年 6 月第 1 版　2018 年 6 月第 1 次印刷
定　　价　56.00 元

《麦肯锡变革期体制转换战略》发行寄语

　　这本《麦肯锡变革期体制转换战略》是"麦肯锡经营战略系列丛书"中的第四部。此前,《麦肯锡现代经营战略》《麦肯锡成熟期成长战略》《麦肯锡成熟期差异化战略》三部书已经陆续出版发行。那么,大前研一先生究竟出于什么意图撰写了本系列丛书? 到底该从什么样的视点出发才能对本书进行正确解读? 针对这些问题,请允许我们在此再说明一次。

　　另外,本书第一章"解读世界变化的潮流——五次革命的现状"和第四章"企业应该如何应对流通革新——暗黑大陆的黎明"做了重新撰写和编辑。所谓五次革命是指:技术革命、生产革命、业务革命、流通革命和全球化革命,这些对现代企业经营来讲都是十分重要的要素。信息通信技术(Information Communication Technology)与上述的几次革命、革新都有相当大的关联。有鉴于此,针对此次关于经营战略中的 ICT 之重要性,对大前先生进行了采访。

good.book 编辑部

大前研一先生特别专访

咨询公司究竟能为客户做哪些工作

在本书最初出版发行的时候，麦肯锡还是一家毫无名气的公司。当时提起麦肯锡甚至有人会问"你所说的'麦肯锡'是一家服装公司吗"？当用英文写下"McKinsey & Company, Inc."并给对方看时甚至有人会问"这是一家制作墨水的公司吗"？

虽然"麦肯锡"出现在了本系列丛书的标题当中，但实际上本书中所包含的内容全部都是我后来几经思考才撰写而成的，当初我在麦肯锡公司工作时并不一定拥有了这样的实际知识和技能。在解释"麦肯锡作为一家咨询公司，都在做哪些工作"时，我觉得通过本书把想要回答的内容写出来要简单许多。也正是由于这样的原因，我必须在本书中对一些一般性的分析方法进行解释和说明。

总之，当客户说"搞不清楚高端的咨询公司究竟能为我做些什么"时，少许提到一些具体的工作内容比较有利于我进行说明。我也希望把工作中接触到的各种各样的案例及其分析方法和结果等进行一些介绍。本书中涉及的很多客户及各种各样的案例，我特意隐去了客户公司的名称并对案例进行了抽象化处理。经过这样的处理，即使是行业内部人士也无法猜出具体是哪一家公司。进一步而言，作为深入思考经营战略的切入点，"在有必要进行分析的情况下进行适当的分析较为妥当"，同时对于当时的时代背景也一并进行了说明。

当时，我们每隔一两年就邀请全国的企业经营者代表来参加研讨会。作为主办研讨会的公司，我们首次开始撰写《麦肯锡现代经营战略》《麦肯锡成熟期成长战略》《麦肯锡成熟期差异化战略》及《麦肯锡变革期体制转换战略》系列丛书。每隔一两年就会有人说"目前的思考方法所指的就是这样的内容"或者"我们在这两年当中积累了这样的经验，学习到了这样的方法"之类的话，这也就是本系列丛书共包含四册的理由。在那个时代，在介绍当时所经历过的事例时，我就曾经想过和大家分享这些记录的内容。

撰写本书的真正理由

当时的咨询顾问可以分成两种类型。第一类顾问是满头白发，在公司里工作超过 40 年的人。这类顾问的特点就是经验丰富，能够依据丰富的经验向管理者提供建议。这类咨询顾问在工作时与其说是在提供某种管理的手段，还不如说是提供他们的经验。

另一类顾问，就是外资系的咨询顾问。这类顾问满嘴"经验曲线""××链"之类的专业术语，说的好像真掌握了什么神乎其神的专业知识或技能一样。这种类型的顾问以为用这样的所谓专业知识，甚至连客户的公司都不去看一眼便能说出像"如果对贵公司进行分析，就会得到这样的结果"之类的话。在那时，确实有不少咨询顾问就是用这样的方法进行工作的。从企业经营者的视角看，经常会产生"连我公司的具体情况都还不了解，就能说出这样的话"之类的想法。企业经营者有了这样的感觉，各种各样其他的问题也就接踵而至了。

烂顾问（不合格的顾问）是那些死抱着只能在特定的案例中使用的方法不放的人。那些只会对客户说"如果采取这样的方法，就会在贵公司产生那样的结果"之类的顾问就是典型的烂顾问。对于咨询顾问而言，如果只是出售分析方法、框架或处理问题的手段，无论如何也称不上是好的咨询顾问。

当时的日本企业基本上不使用咨询服务。原因如前所述，虽然有很多外资系的咨询顾问，但他们在尚不了解公司具体情况时就用所谓专业知识和技能进行分析，而这样的专业知识对管理层说一次也就尽了。对于企业想要咨询的问题，这些人从一开始就已经有了"是"或"否"的答案，而日本的企业基本上无法接受这种模式的服务。

然而当我在为企业提供咨询服务时，首先就要在企业的内部组建一个团队。这个团队的工作就是为企业的经营提供参谋，也就是所谓的"企业参谋"。组建完团队之后，我就让这个团队自己开始对企业的问题进行分析。这样的分析要一直进行到咨询服务的结果最终出炉为止。通过这个方式为企业培养人才，企业内部人员一定会为我提供各种各样的情况，这些信息对企业外部的人来说经常是闻所未闻的。企业的高层听到这些基于企业实际情况提出的建议，也很容易地做出决策："好！那就这么做吧！"这样一来，决策的过程也变得容易。同时，因为这些建议都出自企业内部员工之口，一般来讲可行性都相当高，可以很快地付诸实行。按照我的工作方法，可以很顺利地深入企业内部，让企业内部的人和我一起进行各种各样的分析，提炼出这些分析结果中有意义的部分构筑企业的战略。其中中的原因，或许是进行咨询服务的同时，促使企业有所改变，并获取市场份额。这当然是有过真实案例的。

当我想到"要把那些专业知识和技能全部公之于众"时，这一套"麦肯锡经营战略系列丛书"也就应运而生了。

事实上，专业知识和技能如果保持在非公开的状态之下，会因为其稀缺性而具有价值。然而如果我在麦肯锡的工作若只是"靠这些专业知识来赚钱"的话，我想我作为咨询顾问的专业技能一定会退化，基于这样的考虑才一定要公开一部分。所以即使是对于麦肯锡的人来说，也别想再"仅靠着掌握了单一的分析手法而赚钱"了。我想要说的是："你们使用相同的分析手法，看到相同的分析结果，但究竟如何才能做出正确的判断呢？这些判断是否正确呢？什么才是真正的企业经营呢？"我也希望通过这套书的撰写把麦肯锡内部的咨询顾问经验尽可能广泛地推广开来。

当时，也不乏有人说"如此大方地把专业知识公开出来的家伙一定是个傻瓜吧"？或者"这些东西全部公开出来之后麦肯锡就再也别想接到工作了"。但事实上，我收到的工作委托却一如平常。无论是客户方面的人还是自己公司内部其他顾问，在研究了本书之后都对我说"能和大前先生一起工作真是太好了"之类的话。

接到的工作委托并未因为本套丛书的出版而减少，其原因，说到底还是公司在经营中面对的各种问题也在持续不断地变化中。客户对顾问说的都是"接下来请解决组织的问题"或者"请解决向海外扩张的问题"，再比如"企业目前的状况实在令人头疼，进退维谷，无论怎么做好像都不合适。关于处理的方法，还是请咨询顾问公司来协助吧"之类的话。新的工作委托自然也就连续不断地涌来了。

到现在为止，我从事咨询顾问工作已经有40年了，实话说，在真实的企业环境中遇到的各种各样的课题层出不穷，数不胜数。所以对各种各样的案例和专业知识也要连续不断地公开才好。我想对那些只是有了一定的专业知识就想为企业解决实际问题的咨询顾问说"很多的专业知识其实早在40年前就已经成形了"，现在再去回顾又有什么意义呢？只靠着专业知识来解决问题的顾问实在是懒惰不肯动脑子啊，所以我对那样的人总是毫不客气地批评道："这样懒惰的人是当不了企业的经营管理者的，甚至连当企业经营管理者的顾问都不够格！"这也正是本书撰写的原因之一。

向客户介绍解决方案的文稿也是自己做吗？

我采取的方法是：在为某一个客户提供咨询服务时，我从最开始就把基本的分析、数据的收集、制作图表等一些方法全都教给客户，并由客户方面的人来完成具体工作。所以我虽然在为企业提供咨询，却不必亲自拿着铅笔进行这些基本的文案工作。我经常对企业内部人员组成的团队说："以后就要拜托各位来完成这些文案工作了。"

我也不会亲自向客户介绍解决方案。每当咨询工作临近结束时，我会理所当然地对企业内部的人说："就拜托各位向社长汇报解决方案吧！"每当我这样做的时候总会听到"还是请大前先生您来汇报吧"之类的话。企业内部的员工在公司的最高管理者面前汇报一定会很紧张，但这样的经历对于这些企业内部的人来说也是一次非常好的学习机会。由企业内部的员工直接去向最高管理者汇报能让这些员工肩负更大的责任感。

如上所述，我所采取的方法就是在工作的过程中，不断回顾所取得的进展并提供下一步工作的指导意见。像这样例行的进度回顾和展望，每两个月或每三个月进行一次。但企业毕竟是向我支付了报酬来做这份工作，所以一些特别困难的问题我一定要亲自动手解决。总的来讲，一半以上的工作都是企业内部的人自己来完成并向企业的最高管理者汇报的。按照这样的方法开展工作，很多企业的最高管理者都产生出这样的想法："公司内部的人提出的这些意见和我原来所想的完全不同啊！这样看来我一定要再仔细地考虑一下了。"这样的情况并不罕见。

然而也有一些企业最高管理者根本听不进内部员工提出的建议。遇到这种情况时我会直接对管理者说："贵公司内部的员工已经具备完成这些工作的能力了！类似问题再次出现或者又有新课题需要解决时请一定要让内部的员工来解决。"至此我已经没有必要再继续为这样的公司提供服务了。原因就在于我在工作的过程中侧重于对企业内部的人才的培养，当然也包括在麦肯锡内部对其他同事的培养。

即使是这样，企业还是会面对"现在一定要开拓海外市场了""现在到了必须要考虑金融问题的时候"诸如此类前所未有的情况。然而，我依然还是对企业的管理者们说："贵公司内部人员已经具备解决此类问题的能力了。"一般情况下，我在企业内部所组建的团队通常都是 4 ~ 5 个人。规模最大的团队也曾经达到过 30 名成员。通过培养使这些客户公司内的员工具备了自己解决相当程度问题的能力。我的咨询服务结束后，这些团队成员大都在企业内部取得了良好的发展，最终成为企业最高管理者的人也不在少数。这些当然都应当归功于对人才培养的重视和专注。

用自己的头脑去深入地思考

我在本书中披露的分析是在完成了大约 2000 次各类分析之后完成的，我也会在本书中将这些分析的结果介绍给读者。我每次在对实际案例进行分析时都会不断地思考使用的分析方法。通过这样的思考和在实践中的应用，新的分析方法不断出现，到今天都没有停止。究其原因，企业在运营中遇到的问题总是五花八门、千变万化，每个公司所处的状况也总是各有不同，行业的状况更是瞬息万变，所以面对的问题便如同人的指纹一般总是不一样的。真正重要的问题是："假如现在对某个具体问题进行分析会得到怎样的结果呢？"所谓的"框架"和放之四海皆准的一般原则其实都是毫无价值的东西。

现在的商学院教给学生的都是"哈佛的案例分析"或各种"框架"一类的东西。学生们在学习了这些东西之后反倒变得不会经营企业了。原因在于学生们会被拘泥于"框架"之中来看待实际经营中遇到的具体问题。事实上，如果不针对具体问题本身进行分析并"量身定制"解决方案的话，肯定是解决不了问题的。一定要去设想假如这样做了的话，客户或者客户的公司将会变成什么样子？处于何种状态之中？那些满口说着"如果用某框架对贵公司进行分析就会得出这样的结论"的顾问就如同给计算机程序中输入垃圾数据，输出的结果毫无疑问也一定是垃圾。不分析客户的具体情况就用框架来得出结论并对客户说"答案就是这样"的顾问所提出的建议简直毫无价值。

很多读者大概会产生这样的错觉："这些可都是世界顶尖的咨询顾问公司——麦肯锡的顾问所提供的专业知识啊！"事实上却并非如此。每个问题所产生的时代和企业所处的环境都在不断地变化，唯有"每一次面对问题，都要用自己的头脑去深入地思考"才是不变的解决之道。

对于那些想要问"这本书写于过去，今天的读者该从什么样的视角、带着什么样的意识去读才好呢"的读者，我的回答是："请你千万不要读这本书。"对于读了这本书并认真地理解了其中的思考方法却不能直接以此来解决问题的人，请用自己的头脑去思考。

我把当时特定的情况下，我针对具体的问题所做的思考以及专业知识在本套丛书中倾囊而出。现在的读者无论遇到什么样的具体问题，与当时的情况都必定会有所不同。所以在面对具体问题时请各位读者自己思考。不去思考而是想要通过询问来直接获得答案是应试教育留下的坏习惯。就如同刚一遇到问题就想翻到书的后面去看参考答案一样。不用自己的头脑去思考具体的问题是绝对不行的。

企业的最高管理者要有信息通信技术的意识

哪些能力是现今企业核心管理层必须具备的呢？在我看来，有三种能力是不可或缺的：全球化、企业金融和信息通信技术（Information Communication Technology）。企业的最高管理者必须努力提高这三方面的能力。本系列丛书的第二部——《麦肯锡成熟期成长战略》的开头部分已经论述了"全球化意识"的重要性。对于企业的管理者而言，"信息通信技术"在重要性方面与"全球化意识"不相上下。

对今天的企业高管来讲，不能不知"信息通信技术"为何物。这并不是说企业的管理者必须要亲自从事信息通信技术中具体的编程工作，而是必须知道信息通信技术能够为企业完成哪些工作，给企业带来何种变化，对企业的未来具有何等重要的意义。为此，就必须对当今世界在信息通信技术领域做得最好的十家公司进行调查和了解。举例而言，有一家名为 Inditex 的公司，可谓是当今世界在信息通信技术方面做得最为出色的公司之一了。

只要看一下 Inditex 公司的代表性品牌"ZARA"的管理便能领略 Inditex 公司在信息通信技术方面的强大实力。他们的市场已经扩展到了全世界各个国家。Inditex 公司的市场覆盖了从北半球夏日炎炎的国家到南半球正值隆冬的国家；从沙漠之国到热带国家。面对如此复杂的地区性市场，Inditex 公司却表现出了在控制库存方面的出色能力。对优衣库这样的公司来说，管理库存的方法是：为了明年秋天将推出某种商品向生产加工厂下单生产3 000万件。但是因为没有类似 Inditex 公司的信息通信系统对库存进行管理，会导致管理效率的低下。我就和优衣库的柳井正先生说："最好研究一下 ZARA 的这一套系统。"

事实上，我曾经访问过 Inditex 公司位于西班牙西北部拉科鲁尼亚的分支机构。在那里，Inditex 公司的工作人员带领我参观了这套系统的运行情况。我的书之前在西班牙也曾经出版过好几本，所以这次参观受到了对方的热情欢迎并获准参观了整套系统的运作过程。正因为有了这套系统的运行，在六本木的 ZARA 商店里，通过这套 Just-in-time 系统对某件商品下单之后，在短短24小时之内商品就能送达日本。

如此令人难以置信的事情是如何变为现实的呢？带着这样的疑问我参观了整套系统运行过程。这套系统给我留下了极其深刻的印象，确实是一套非常厉害的系统。一言以蔽之就是完美地结合了"丰田流"的Just-in-time"生产管理系统"和同联邦快递公司的"物流管理系统"。

我在参观时由衷地感慨："简直是把丰田公司的生产管理系统用在了服装生产上啊！"对方回答说这是因为Inditex公司请来了丰田公司的专家来协助开发这套系统。真可谓伯乐识马，卞和识玉。从这套系统的实际运行过程中可见Inditex公司的确学到了丰田公司Just-in-time"生产管理系统"的精髓，并在此基础上结合了从联邦快递公司学习到的"物流管理系统"。虽然Inditex公司实际上通过DHL公司的货运服务，但是物流管理系统确实是从联邦快递公司借鉴并开发来的。

假如在日本东京"斜下摆的裙子"非常时髦，一周之内这个款式的裙子就能在日本其他地方上市。我还获准参观了负责设计这套系统的事务所，我亲眼所见的各种各样新奇的东西给我留下了非常深刻的印象！依我看，在日本没有一家软件公司具备了设计开发这样一套优秀的库存、物流管理系统的能力。究其原因，这套系统是Inditex公司根据本企业的实际需要下了很大功夫才量身定做出来的。

就我所看到的情况，Inditex公司对"信息通信技术"的应用程度远远领先于日本企业。各位读者一定会好奇日本企业在这方面为什么会落后得如此之远。根本原因在于企业的核心管理者和信息技术部门主管们。事实上，很多企业的信息技术部门主管并不是技术方面的专家，于是只能将实际的工作全盘委托给专门的信息技术承包商完成。

结果是信息技术承包商们拿着 20 年前的陈旧技术对企业的管理者们说："必须采用这样的技术对物流进行管理。"由于企业的信息技术部门主管不具备技术方面的判断能力，于是只能签订合同让信息技术承包商们按照他们的计划去干。这样开发出来的系统不但技术陈旧而且成本高昂。

比如说，一家公司的最高管理者意识到了开发一套信息管理系统来辅助管理的必要性，于是就叫来了信息技术部门的负责人。最高管理者说了自己的想法之后，信息技术部门的负责人根本弄不懂究竟需要用什么样的技术来实现这个想法，于是把信息管理系统承包商请来。信息管理系统承包商当然希望卖给企业的系统越庞大越好，因为系统越庞大就意味着向企业的收费越高。事实上，这样的信息管理系统承包商在全世界各国都不罕见。于是信息管理系统承包商会巧舌如簧地对企业说些比如"海量数据"等的专业词汇，最后给企业开发出一套无比复杂和庞大的系统。如果这套系统出现了问题，企业也不得不委托信息管理系统承包商来进行后期维护。如此反复，企业也就彻底陷入了信息管理系统造成的地狱一般的恶性循环之中。

说到底，企业管理者需要深刻认识到信息通信技术对于企业未来的发展何等重要。企业应用信息通信技术解决实际问题时有各种各样的操作方法，对于简单的问题可以在 salesforce.com 之类的网站上直接获得解决方案；或者是组建一支由大约 5 名年轻工程师组成的团队，让他们建立一个计算机中心专门应对未来企业面对的此类问题，这也不失为一个不错的解决办法；还可以让外部的信息通信技术企业之间相互竞争，从竞争中产生一个最优解决方案。通过这个办法可以把问题的解决"外包"出去，但前提是企业必须具备从技术角度判断解决方案优劣的能力。总之，各种各样的解决方案都可以尝试。

再以雀巢公司为例，雀巢公司每年在全世界的销售额达到 10 兆日元的水平。公司每周把世界各地分支机构的财务数据和管理数据同步地收集到总部。要想开发出能完成这样复杂工作的信息系统，难度是常人无法想象的。开发如此复杂的信息通信系统是不能简单地委托给专门的系统开发承包商的，因为外部的开发商无论如何也不可能像公司内部的员工一样清楚对系统有哪些具体的要求。而且如果公司的员工不是信息通信方面的专家，即使是勉强开发出了系统，在实际运行的过程中也不具备对出现的问题做出正确判断以及进行后期维护的能力。雀巢公司花费了 5 年时间，让一个副社长级别的人专门负责此事，最终依靠自身的努力独自开发完成了这样一套系统。

思科系统公司同样对信息通信系统非常重视。思科公司成功开发出了一套无须人工操作就能实现产品销售，同时不需要大量服务人员维护就能正常运行的系统。实际上，这套系统是在思科内部一个叫作艾德·康塞尔的人的领导下开发成功的。艾德·康塞尔之所以能够为思科公司开发出这套系统，公司 CEO 约翰·钱伯斯在信息通信技术方面所具有的超前意识功不可没。

总之，企业核心管理者要培养信息通信技术方面的意识，就必须亲自参观 10 套以上全世界最先进的信息管理系统。管理者能否理解信息通信技术决定了一个企业是否能够真正理解它。充分理解信息通信技术的企业和不理解它的企业在成本方面要相差 10 倍以上。成功地应用信息通信技术也会使企业的运营速度加快，通过减少不必要的库存等方式缩减成本也随之成为可能。总之，在今天的时代信息通信技术对于企业的盈利能力及成长性都具有决定性的影响。其影响力究竟能够达到什么样的程度呢？不亲眼看一下全世界最先进的信息通信系统就无法真正理解。

如果没有时间和钱专程去参观全世界最先进的信息通信系统，读者也可以通过网络进行相当多的调查和研究。大量的信息可以从网络上直接获得。说到底，在网络上研究的过程同样是一种学习。举例来说，日本企业和世界最先进的同类企业在信息通信系统方面的差距究竟有多大呢？作为一个课题，通过在网络上寻找信息来进行研究的话，在一个休闲的周末花上两三天也就能理解其中的差异了。

如果在网络上搜索"ZARA"公司的系统，其实能找到相当多的信息。继续研究思科公司的那套系统的话，同样可以在网络上找到想相当多的有益信息。利用闲暇时间在网络上收集信息、研究信息通信技术对企业管理者提高这方面的意识显然是大有裨益的。我认为有志于成为企业管理者的人都应该在成为企业的总经理之前完成这样的锻炼。等当上了总经理后才开始磨炼自己在信息通信技术方面的意识就有些来不及了。在自己对技术一无所知的情况下，对专业的技术部门发号施令，管理者自己乃至企业的利益最终恐怕都会被牺牲。

现在日本的各个行业所处的发展时期不同，有些行业处于成长期，有些行业则已经进入了成熟期，当然也有一些其他的行业处于变革期。像这样一种各个不同行业处在不同发展阶段的时代，在管理咨询顾问的眼中是充满了趣味的，所有的一切都在同时发生着变化。不同的企业对各自的行业所抱有的热心程度不同，当然思维方法也不尽相同，这就决定了企业能否在未来的成长中看清方向。不同的企业在经营中遇到的问题当然各有不同，再加上各个行业所处的发展阶段不同，每个企业在各自的行业中所处的位置也是千差万别，所有这一切导致企业面临的问题在方方面面上都截然不同。所以我真正想说的是："这本书中并没有所谓的'正确答案'。我写作本书的目的是希望读者能从本书中获得一些有意义的启示。在读过本书之后，请一定要用自己的头脑去思考。"各位在通读了本系列丛书之后，如果真的能够得到一些有意义的启示，我就非常高兴了。

2014 年 6 月

前　言

大前研一

　　在今天的时代，企业本身的经营体制已经成为一个越来越重要的问题。

　　在第二次世界大战结束之后日本企业一直处在高速发展阶段，在这个时期一直提倡强化企业的经营体制。不过，最近热议的话题却并非继续强化企业的经营体制，而是"企业体制的转换"问题。

　　谈到转换，最基本的前提就是日本企业现有的经营体制已经不能满足时代发展的需要了。随着"二战"后日本经济的腾飞，日本企业的经营体制一直有冠绝世界之感，在这样的前提下谈日本企业的经营体制不再适合时代发展的需要，听起来不免有些讽刺的意味。

　　时常有企业的管理者对我说："我们公司自从开始建造大厦就开始衰退了。"战后日本企业通过各种各样的经营方法，抱着必死的决心拼命追赶欧美企业。不知何时起，这些企业经营的方法被外国企业家们视为"日本企业成功的关键"，连日本企业家们也逐渐开始产生了"日本企业的经营方式难道不是全世界最好的吗"的错觉。在外国人的甜言蜜语之下，我们自己也开始罗列并分析起日本企业成功的各种秘诀。然而现在迫不得已一定要分析的对象却恰恰是"日本企业的经营体制转换"问题。

这也是无可奈何的事情。西方人贴在日本企业上的各种标签本来就有很多名不副实。

以论资排辈的"年功序列"（又称"资历工资制"，指按照工龄和年龄来决定在岗位上的地位与工资的制度）和"终身雇佣制"为例，这样的制度当然无法获得法律上的保障，在"二战"之前即使是在日本企业当中也并不存在，属于战后才出现的日本企业特有的管理方法。在某些特定的时候，比如经济高速增长的阶段，存在如此令人感到"舒服"的制度客观上是可行的，企业这样做当然也带有明显的安定人心的作用。于是越来越多的日本企业也就无声无息地推行了这类制度。

市场经济的铁律就是如果不能在竞争中获胜，就无法获得利润。从公司的成本方面考虑，肯定无法忽视这些制度（比如终身雇佣制）的推行产生的制约。如果考虑到对于高科技企业来说不断吸收高端人才才是企业取得成功的关键，那么论资排辈的年功序列制度便显得非常不合理，几乎像是硬要把植物当成人一样荒唐。

日本企业的所谓"下情上传"和"书面请示"等在外国的企业管

理者和研究者们中间曾经产生很大的影响，原来的优秀日本企业的管理方式都具有强烈的"自上而下"的方向感。只要看看那些在全世界家喻户晓的日本品牌，比如索尼、松下、本田、三洋、京瓷等就会明白，在这些企业当中关乎企业未来的关键决定全都是由少数几个人做出的，这便是典型的日本企业的管理方式。

虽然日本的企业家普遍认为公司全体共同参与品质管理以及唱"公司之歌"之类的经营策略是成功的，但是如果只是通过唱"公司之歌"这样简单的方法就能让公司在经营方面取得成功的话，那赚钱岂不是太容易了吗？在决定了企业的发展方向之后，处在成长期的企业全体参与的品质管理的"程度"才能成为经营成败的关键，也只有在这样的情况下，品质管理之类的东西才能够发挥巨大的作用。

然而，无论是"年功序列"制度也好，还是"终身雇佣制"也好，都只是手段而绝非目的。决定企业经营方向的只有核心管理者而非其他任何人。如果企业的核心管理者放弃了决定企业经营方向的职责而不负责任地任由其他人随意而为的话，这样的企业核心管理者是不称职的。经营体制转换的先决条件恰恰就在这个地方。

所以在谈到日本企业经营体制转换时，首先需要对到目前为止我们认为在日本式的企业经营方法中是"理所当然"的东西全部重新审视一遍。企业经营体制转换还包括对流通、采购、设计、生产、销售及服务等各个环节中早已司空见惯的传统做法从零开始彻底审视并调整。国际化、资金调度、资金使用等也都必须进行重新检讨。

公司的资产即公司的优势——比如说技术方面的优势、品牌影响力、营销方面的能力等，在今天的社会中短短几年就从优势转为劣势，从而变成企业的负债，这样的例子数不胜数。威士忌在日本市场的份额在短短不到一年的时间里就被烧酒彻底占领的案例令人记忆犹新。现在已经是从打字机键盘转变到印制电路板的时代、玻璃取代铜线的时代、激光唱机取代留声机的时代了。

结果就是企业被不断变化的时代逼迫，不得不从零开始重新审视自身所处的环境、客户、竞争对手以及自己公司的各项要素。在这样做的过程中，自然而然地出现的最大问题就是企业自身的经营体制问题。归根到底，企业的管理者必须意识到：如果还坚持用过去看待问题的方式去看待现在的问题，以过去解决问题的方式去解决现在的问题，以旧的方式去评价今天公司自身的状况或推进企业的发展的话，既无法面对新的挑战也无法开展新的事业。构成企业优势的资产——也就是一直以来企业"成功的关键"在面向未来的战略来说，反而可能会变成企业的负债，这样的时代已经来临。

美国的产业界曾令一众日本企业深受其苦。目前他们与政府默契配合，重新出发解决企业的体制转换问题。长久以来，日本人一直坚信日本的"股份有限公司"在经营上取得成功的关键是凭借着日本社会的"官民一体"。然而，政府一直以来都对民众课税并赋予各项义务，民众却没有反抗的权利，长久以来已经是习惯成自然（民众也不由自主地被卷入了政府的意志之中，按照政府的意志行动也成为民众的一种习惯）。这样一来，真正的"官民一体"其实是根本无法实现的。冷静下来一想，对民间企业来说，日本在雇佣、税制、规章等方面还算是相对"容易的国家"，这么说不能算言过其实。

另一方面是现政府以改善政府体制为目的的行政改革"只闻其声"，实际上却是寸步难行；如果企业自身在经营体制转换方面无法真正推行的话，日本企业将陷入非常艰难的境地。

本书是以我在例行的公司核心管理者研讨会上的发言稿为基础整理而成的。本书中关于企业体制转换的必要性、实例及操作方法等各个章节的内容均由每天都在一线实际为企业提供咨询服务的顾问们执笔并由我和千種对全书进行编辑和监修。

我们每天全力以赴地工作，不断地编写并修正本书的目的，就是希望这本书对日本企业的经营体制转换能够起到一些作用。我想本书中依然有很多还不够完善的地方，请各位读者原谅。当然我们每天都在这个行业内工作，今后在这方面积累的新的经验及发现的新的理论，希望能够随时向各位读者报告。

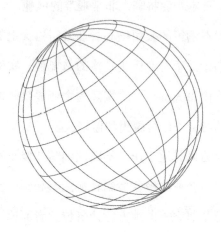

目 录

185 第五章　建设具备应对变革能力的组织
　　　　　——有必要从零开始重新调整

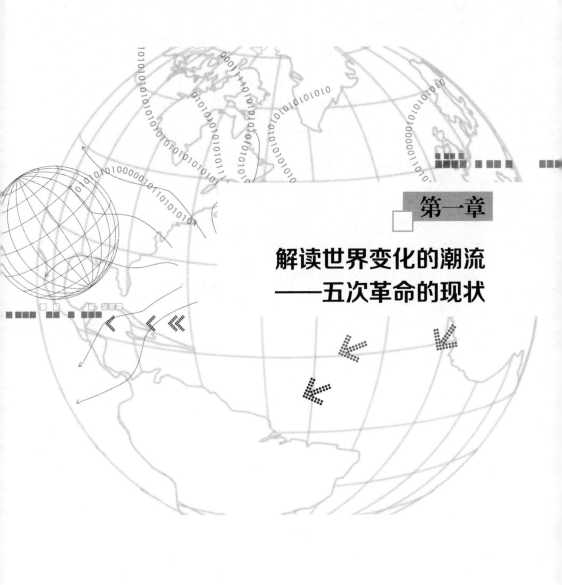

第一章

解读世界变化的潮流
——五次革命的现状

　　本章内容与本次会议的主题相契合。在此将目前世界上正在进行的重要变化进行整理并尝试进行论述。

　　在此之前先指出企业经营"成功的关键"（KFS）所产生的几个变化。

一、企业经营成功的关键所产生的变化

工程商品

最近，常常听到有人感叹"无论做什么都能赚钱"，同时也有人说"无论做什么都赚不到钱"。简而言之，"能赚到钱"和"赚不到钱"在现今的社会向着两极分化的方向发展，界限非常分明。这样说有没有什么不妥之处呢？

举例来说，不论是金融机构也好，还是制造商也罢，所谓赚不到钱的企业其实就是在和其他的企业做着完全相同事情的企业。如果一家企业只是在生产一些其他企业也能生产出来的东西，不管是汽车还是电视机，这样的企业是绝对赚不到钱的。这一规律无论是在日本、美国，还是在欧洲可谓"放之四海而皆准"。

在现今这个供需之间的鸿沟已经被完全消灭的时代，市场对某一种产品的需求并不会随着这种产品的产量上升而不断提高。也就是说，在今天这样的时代，如果只生产和其他公司完全相同的产品，那产品的价格绝对达不到理想的水平。

所以说，要想在现今的社会中赚到钱，必须具备的条件就是要能够以完全不同于其他竞争对手的方式对产品进行定价。如果做不到这一点，就只能在价格上和竞争对手保持一致，那就必须在成本控制上具有压倒性的优势。

正如各位读者所知道的那样，如果一家企业和竞争对手比拼成本的话，要想在成本上比竞争对手低十来个百分点几乎是不可能做到的。然而就价格而言，以比竞争对手高出十来个百分点的价格销售相同的产品，或者说由于提供了服务而多收取十来个百分点的费用的话，相比之下还比较可行。

举例来说，从对汽车价格的研究中可以看出，畅销车几乎从不降价。比如在美国市场上销售的五十铃 Piazza 汽车或 230 马力的 Fairlady 汽车等都处在加价销售的状态。也就是说，实际销售的价格比制造商对产品的标价还要高。然而在另一方面，普通品牌的汽车或者从后边看根本分不清楚是什么品牌的汽车如果不打八五折甚至是八折就根本卖不出去，两者之间有天壤之别。

这一事实说明产品价格实现"差别化"非常重要。我们把需要高难度的技术才能制造却无法在价格上实现差别化的商品称为"工程商品"（Engineered Commodity）。

以彩色电视机为例：彩电生产的过程需要很多高技术才能完成，可以说非常难以生产。但是如果对这些彩电进行"盲测"，即把不同厂家生产的彩电商标去掉让消费者只看产品本身，大家根本分不出哪台彩电是哪个厂家生产的。这就说明产品本身并没有实现足够的差别化。如果抛开生产过程中的技术困难，单从价格的角度看的话，彩电就变成了"普通"的商品。工程商品中的"商品"所讲的就是这一属性。

类似这样虽然需要高新技术才能生产，但在产品本身的层面乃至价格层面无法实现差别化的商品还包括砂糖、水泥和铁等，这些东西也都变成了"普通"的商品。也就是说，虽然在制造过程中使用了高新技术，但不同厂家生产的此类商品几乎没有区别，工程商品在现实生活中可谓比比皆是。

如你所知，"普通"商品的产品市场价格波动非常大。如果市场情况好，供给量就算直线上升，产品的价格也依然会骤然上升；与此相反，一旦市场情况转差，就算供给量有所下降，产品的市场价格依然会骤然下降。换句话说，在产品本身没有实现差异化的"普通"商品市场，市场状况的好坏更大程度上决定了市场价格，供给量在其中所产生的影响相对比较次要。

然而对于工程商品来说，就算是在价格上涨的时候，上涨的幅度也相当有限。

去年（昭和五十九年，即 1984 年）的空调市场行情就印证了这一规律。空调厂家很强势，事实上供给量的确小于市场需求量，然而却基本没有听到过有人以比定价更高的价格买空调的消息。

对于工程商品市场来说，本来就没有所谓的"定价"存在。价格时而急剧上升，时而又急剧下降。如果说工程商品市场有什么特点的话，恐怕就是令人难以捉摸的价格剧烈波动吧。

半导体市场也是如此，一旦有什么对市场行情不利的风吹草动，价格马上就会崩盘。如果充分地把这样的情况考虑在内，从一个更长的时间维度上去考量半导体行业，这个行业基本上是赚不到钱的。

在前期考量某一行业以决定是否要进入该行业时，负责考量这一行业的人总是把"能否从这一行业中持续地赚钱"作为前提。然而世界上却没有这么容易的事。在连电视机和汽车行业都已经渐渐沦为工程商品行业的今天，只有能够实现"差别化"的产品才能够赚到钱。假如不能在产品层面上实现"差别化"，那么只剩下两个选择：要么以低于竞争对手的价格销售；要么就是保持与竞争对手同样的价格，却在生产成本上具有压倒性优势。

一言以蔽之，就是不得不在通过价格决胜和通过成本决胜之间做出选择。除此之外再无其他选择。

1984 年，没有一家钢铁企业靠生产钢铁赚到钱。从技术角度看，钢铁企业的技术门槛非常高。尚未掌握成熟技术的国家就算想要建立自己的钢铁企业也根本做不到。想要建设成一座能生产优质钢铁的炼钢厂更是难上加难。然而日本的钢铁企业在大约昭和五十七年（即1982 年），所有的无缝钢管产品处于完全滞销，生产出来的成堆产品根本卖不掉，提高企业的利润自然无从谈起。

发那科公司的年销售额虽然接近 1 000 亿日元，但从利润的角度来讲，发那科比新日铁实现更高的利润却属于不正常的情况。工程商品生产行业的这一性质令管理者感到可怕。钢铁企业虽然有非常高的技术门槛，但是就连美国和欧洲的钢铁企业也没有一家真正实现了利润，更何况是日本的钢铁企业呢？

在这样的情况下，有必要仔细探究一下到底怎么样做才能真正赚到钱。在考量一个行业以决定是否进入该行业时，如果产品价格看起来比较高，成本较低，又有比较广阔的市场空间的话，就肯定能写出一份出色的商业计划书。然而这一切都是发生在纸面上的，现实世界中竞争对手的状况和客户的反应是两个不容忽视的重要因素，这一点我希望各位还是谨记为好。

客户关系管理

在所发生的变化当中，在重要性方面排第二位的就是"企业与客户之间的关系"。

在企业的成长期——对众多日本企业而言大致是从现在算起的过去 10 年中，新客户的开发非常重要。当企业进入成熟期之后客户的数量基本上不会再增加，只是同样的客户再次重复购买产品以替原来购买但现在已经用旧了的产品。如果经济状况好当然对销售也会有所刺激，导致市场需求量增加。然而在这个阶段却几乎不会再有完全陌生的新客户出现。

工业产业用品也遵循相同的规律，在这个阶段客户的数量基本上不会再增加。也就是说，企业需要从以开发新客户为重点逐步过渡到以维持现有客户为第一要务。这样的过程里包含着许多重大的变化。

对于像 Word 一样横空出世的新产品来说，开发新客户当然是重要的；但对于其他的产品来说，大体上都会进入客户购买替代品的阶段。

归根到底就是跟现存的客户持续深入地保持良好关系，以稳固不再扩大的市场。对于正在使用竞争对手的产品的客户，可以设法使其换用自己企业的产品。这样的策略在市场营销方面具有非常重要的意义。

对于耐用消费品市场来说，如果对放任不管的话，需求就完全不会产生，简直可以说是零。举例来说，假如所有生产汽车的厂家今天全部倒闭，在一年内完全停止生产，谁都不会觉得有什么麻烦。由于有备件库存，现有的汽车完全可以修好继续使用，而打算买新车的客户也可以再等一等。那么对于汽车生产厂商来说又该如何开发市场呢？其实就是要设法让客户换掉旧车再购买新车。

然而旧的东西是不是完全不能再使用了呢？其实并不是。耐用消费品和生产资料的使用寿命其实都是用户决定的。用户根据眼下的经济状况，通过把耐用消费品和其他想要买的东西的需求进行比较来做出购买的决定。

还是以汽车为例，行业内一般认为消费者换车的周期是 4 年。假如所有的消费者都像商量好了一样改为 6 年换一次的话，那么就有两年的时间基本没有需求。发生这样的事是完全可能的。但是如果消费者决定每 3 年就换一次车的话，那么就一下子多出来 33% 的市场需求。

所谓的 population（本来是"人口"的意思，此处为统计电视机的"保有台数"），首先就是充分满足现状下的需求。假如坏了的电视机都得到修理，想买新电视机的人都暂且等一等的话，需求量基本上可以降低到零。起码在一段时间之内，谁也不会感到不自在。

也就是说，客户正在发生着非常大的变化。对于进入成熟期的企业，经营者需要在充分理解客户的心理和财务状况的基础上尽可能地促使客户换掉还能使用的旧产品，并在购买新产品时再一次购买自己公司的产品。在购买新产品替换掉旧产品的方面，假如是生产机械，假如不给客户留下好的印象，那么下次购买替换产品时用户就会选择其他公司的产品了。所以还是从客户的方面入手比较容易。

正如以上所说的那样，在市场开发阶段一个一个地把新客户吸引来购买自家的产品，但是由于客户对自家公司的产品质量不满意，于是在购买新产品替换掉旧产品时不再选择自己公司的产品导致失去这些客户的话，对于公司来讲成本是巨大的。与此形成对比的是，如果能够维护好现有的客户，使客户更多地购买自己公司的产品或者使客户在购买替换产品时重复选择自己公司的产品，对公司来讲将是相对低成本的市场运营模式。

　　仔细考虑前面所说的这些事情，就不难理解为什么在今天的时代客户关系管理（Relationship Management）变得如此重要了吧。由于客户的名单不完善导致无法弄清自己企业究竟有哪些客户，以及自己公司的产品究竟处于什么样的使用状况，销售人员只知道对客户说"请购买我们公司的产品"却并不知晓对方究竟以什么样的方法在使用自己企业生产的产品。这样的企业会变得越来越糟糕。

　　在非常清楚对方需求的基础上，向对方解释如果购买了这个产品会让生产力有所提升，会带来各种好处等；再向对方询问现在使用的机械是不是有某些方面的问题呢？——如果能够做到这样清楚细致地向对方做出说明，自己公司的产品卖不出去是不可能的吧？

　　现在日本的金融机构和商社正在广泛地接受麦肯锡的RM（Relationship Management，客户关系管理）概念，并应用到企业经营的实际当中，这一概念对于生产者来说也同样具有重要的意义。

　　这种说法背后的基本思考就是专注于为目前现有客户提供服务。这一点对于处在成熟期，客户数量不再增加的企业来说具有极其重要的意义。如果仅仅是因为别人在做这样的事情，于是自己单纯地"东施效颦"式地模仿别人进行客户关系管理是肯定不行的。

　　归根到底，客户关系管理的基础理念就是要以客户的需求作为出发点进行思考的思维模式。

　　再以城市里的大型银行所施行的客户关系管理为例进行说明。一直以来，银行的存款业务和贷款业务都是按照业务类别分开来的。

然而从客户的角度看，可能希望逐渐变成能委托一个银行经理办理各种各样的业务。这种转变对于银行的业务管理方式可以说是根本性的。

对于制造商来说，常用的术语是客户账户管理，即 AM（Account Management）。归根结底，就是对客户进行管理的行为。

首先当然要避免自己公司的现有客户的流失，与此同时尽量争取竞争对手的客户也变得越来越重要了。有人用这样的说法来表示保护好现有客户和争取竞争对手的客户之间的关系："与在树林里寻找青色的小鸟相比，还是好好珍惜手中的青色小鸟吧。"此话也确实不假。这样做当然重要，但最近的潮流可以概括为在此基础上深耕市场、深入挖掘客户潜力，强调客户关系的管理。

全面审视企业综合经营能力的时代

对日本企业的经营状况产生巨大影响的第三项重要内容就是现在已经进入了一个全面审视企业综合经营能力的时代。

过去，有些企业仅在某一个方面具有非常强的能力就能带动整个企业处于良好的经营状况。比如说有的企业在成本控制方面非常有心得；而有的企业在广告宣传方面非常出色。我想在此向各位读者强调，现在已经进入了企业总体经营力全面竞争的时代。没有全面的经营力就无法使企业良性运转。

举例来说，制造业的竞争本质上是生产能力的竞争。然而在"只要有好的广告宣传就可以在竞争中占得先机"的时代，制造能力强的企业却不一定能实现与其他竞争对手的差别化。在现今这个时代，如果制造能力本身不足的话，最后只能沦为用漂亮的广告宣传劣质产品的结果。

再加上在经济总体形势景气时，不直接从事生产的管理人员数量会逐渐地增加，而企业的系统化、机械化进程却可能滞后，从而导致由于组织机构臃肿带来的工资负担。

对于不直接从事生产的管理人员的考核同样变得越来越重要。基本上，如果生产人员的劳动生产率无法提高，企业也无法激发出员工的创造性，企业对金融管控的能力也有限的话，这样的企业是不可能有良好的总体经营能力的。

企业对金融管控能力的重要性也在变得越来越突出。如果现在对企业的经常性收支和非经常性收支进行分析，同一行业中的不同企业在非经常性收支方面的差异往往变得更加显著。这样的差距通常都会导致企业间竞争力的差距。

以汽车行业为例，如果把丰田公司和本田公司进行比较，在产品的制造成本方面两者相差无几。然而在金融管控能力方面的差距却是非常明显的，这种差距最终造成了利润率8%和利润率3%的巨大差异。

对于大量在同一行业中运营的不同企业来说，金融性收支方面的差异都比制造成本方面的差异要大。

再比如，拿松下、日立和东芝进行比较的话，这三家公司之间的差异并不是制造成本之间的差异，除此之外的各项收支造成的差异更为明显。

这里所说的企业财务管控能力并不是与生产活动直接相关的财务管控能力，非经常性收支的增加以及通过持有有价证券、现金等价物来获取收益的能力才是企业财务管控能力乃至金融管控能力的体现。

如果一个企业在以上各个方面的能力都不足的话，企业本身的竞争力自然也无从谈起。这句话的意思是强调如果企业不具备真正的经营力，在今天的时代肯定无法从残酷的竞争中胜出。如果一个企业只善于生产，那么最终只会沦为仅仅负责生产的承包商。如果一个企业只善于营销，最终就会变成只负责销售而不负责生产的商社。

对于真正的企业来讲，一定要在企业运营的各个方面都做到优秀。从采购、生产、设计、物流到销售和售后服务等必须建成一个稳定而高效的体系。同时必须通过管理使人员、资金、技术等企业经营资源的生产率发挥到非常高的水平。如果无法充分利用上述种种企业经营"资源"的话，就会让竞争对手在这一方面处于优势地位，也就无法保证包括非经常性收支在内的收益的优势。由于企业要最终实现的利润才能有再投资的本金，如果不能最终实现利润也就无法最终通过"滚动"实现企业向前发展。企业总体的经营力变得非常之重要，这就是我在此一定要向各位读者做出说明的原因。

可以说，以上三条对于企业实现利润来说缺一不可。然而在某些特定的情况下，比如在没有竞争对手的半年或一年之中可能能赚到钱，这样的事情也经常听到。如果不是以上所说的某些特殊情况的话，归根到底企业的持续经营就会出现某些方面的问题。从这样的观点来看，上述这三点值得我们仔细玩味。

二、技术革命

既然企业经营"成功的关键"正在发生着种种变化，那么首先来仔细探究一下这些变化的前提，即企业环境的变化。

我一有机会就不厌其烦地反复强调仔细分析目前正在进行中的五大革命的重要性。上次会议也就这个问题做过论述，在那之后发生了几件与这五项革命直接相关的事，而这五项革命也再次成为人们关注的焦点，值得在此仔细地进行分析和审视。

否定前人走过的路

这五项革命中的第一项就是"技术革新（命）"。

就像最近的报纸上报道的那样，美国国防部想要获得 16 种日本产的高技术产品。

报纸、电视上的新闻比较偏重于对电子产品的报道，实际上无论是在生命科学领域还是在遗传基因工学领域都发生非常重要的变化。

同时无论是电子产品行业还是机械加工行业，比如精细加工业中也同样发生着巨变。

在材料生产行业里，以陶瓷、工程塑料为中心的有机材料的兴起同样给整个行业带来了巨大的变化。在无机材料的领域里大量的复合材料涌现了出来。

值得特别注意的一点是，这些新出现的物质从所具有的物理性质的角度看并不处在原有物质的"延长线"上。

对于材料生产行业的公司而言，必须彻底看清这些新出现的物质和材料可以应用的领域以及竞争对手的状况，以及这些新材料的出现给整个行业带来的显著的不同。

举例老说，几乎没有一家制药企业涉足生物化学领域。无论在世界的任何地方，一场技术革命的领导者通常很难成为这场技术的最终幸存者，这被很多人认为是"行业领头羊的厄运"。真正能够在一场革命到来之前就"先知先觉"地投入其中，使企业在革命之后的新的行业中幸存并继续维持往日的辉煌公司少得令人意外。就连在美国，这样的公司也几乎没有。

举例来说，没有一家美国电器公司后来成功转型成电子公司。General Electric、RCA、Westinghouse 等公司都被总称为电器公司，但是今天看来这些公司的电子部门都非常弱小。半导体业务的竞争力更是弱不禁风。

原先从事电子行业的多家公司在运营一段时间之后转而进入了电信或消费类电子产品行业。从结果上看，经过这一转变，这些公司在新的行业里变得非常脆弱。其他一些成立比较晚的"新公司"，比如IBM 等则比较成功地完成了向新业务方向的转移。事实证明，就算一家企业具备了生产电子元器件的能力，也不意味着它一定能够在从家电行业向其他行业转变过程中一直占据领先的地位。

这一点给我们的启示是，在某一行业里新出现的公司总是在否定原来的行业巨头的方向和策略，从而取得快速的发展并向着新的业务领域快速进军，最终取代原来的行业巨头，成为新一代的行业领军企业。

现在像 IBM 和 AT&T 这样的规模巨大的电脑、电信公司真正赚钱的业务是软件业务。这些公司在软件业务方面的能力非常强。而像莲花公司和 Digital Research 公司这样新出现的高速成长的公司数量屈指可数，而且这些公司在规模上与 IBM 或者 AT&T 这样的公司还有相当大的差距。

世界上最赚钱的行业不是一成不变的，新出现的行业总是比原有的行业更容易实现高利润，但是在某一行业里运营了很长时间、曾经在残酷的竞争中胜出的大公司却宁愿抱着旧的高附加值的领域不放而很难完成转型。

无论是哪一个行业，也无论是这一行业现在多么赚钱，最后都会沦为工程材料生产型行业。随着技术被越来越多的企业所掌握从而导致产品的利润空间被压缩，最终变成"虽然有很高的技术门槛，但是各家企业的产品之间其实并没有多少差别"的状态。在这一时刻来临之前就能看透行业演变的规律，并敏锐地发现在未来具有高附加值的行业且成功转型进入新领域的公司真可谓凤毛麟角。能够洞悉这一切变化并指挥企业完成转型的企业家更是百里挑一。

普通的企业经营者大都不愿意向着未来尚不明朗的行业去转型。这样的转型会让他们感到不安，在转型的过程中一旦遇到问题和挑战，他们往往倾向于首先质疑转型的决定而不是去解决问题。一旦转型失败，觉得后悔甚至内疚的企业管理者不在少数。最普遍的现象是，企业核心管理者嘴上虽然说"不转型就没有出路"这样的话，心里想着的却还是先把目前的业务做好再做打算。

在今天的时代，对事业的成败"破"胜于"立"，即打破旧有的才有可能建立新的，固守旧的只能缓慢地死去。

日本制药行业的情况便是典型的例子。这些曾经在制药领域呼风唤雨的药厂核心管理者满嘴都是"生物制药"之类的专业术语，但是真正勇于进入生物制药这一全新领域的企业几乎没有。现在真正从事生物制药的企业其实是那些原来生产制药原料的化学公司。这些公司在原有的业务模式下只有十分微薄的利润，但是却具备了勇于进入新行业的冒险精神，其中的代表就是林原公司。如果留心就会注意到，原来的食品公司、化学公司正在逐渐进入制药行业，通过抢先采用新技术的方式逐渐把原来的行业巨头赶出市场。

"分母"改变之后该如何制订并调整经营计划

随着技术革新的不断深入，原本具有优势的企业其优势地位会被逐渐削弱，这又是什么原因造成的呢？

一般来说，这是因为在某一个方面具备了一定优势的企业的核心管理者描绘未来的能力，即"凭空想象行业未来的能力"非常薄弱。当一个人一直沉浸在自己的事业中时，创造性的想象力会有所下降，极少有企业的领导者能逼真地描绘出本公司所处的行业未来将会变成什么样子。大部分人对于未来的想象都夹杂着 "要是这样就好了"之类一厢情愿的希望及"要是这样可绝对不行"之类对于现状的担忧。极少有企业的领导者能冷静地对未来行业的演变方向有一个明确客观的想法。

技术革新最能让企业管理者感到害怕的"点"在哪里呢？首先就是制订经营计划变成了"不可能完成的任务"。一直以来，日本企业制订经营计划的步骤是：首先对市场的需求进行预测；然后确定本公司将要面向的细分市场；之后再基于这样的细分市场来确定本公司将要采取的战略，即所谓的"经营计划"。企业的管理者们对这种制经营计划的方式笃信不疑。一旦完成了经营计划，接下来便是按部就班地开始执行经营计划。对于这些企业领导者来说，可悲的是在今天的时代几乎没有哪个行业还能够按照这样的步骤从容不迫地依照"经营计划"而行了。

这又是为什么呢？原因在于原来制订经营计划的方法是以需求的

预测作为起点。然而今天，市场状况瞬息万变，没有哪家企业能够准确地对未来市场的状况进行预测，换句话说就是企业对市场需求的预测很多时候与后来的现实南辕北辙。更何况如果是在错误的细分市场里对市场进行了预测，结果一定是失之毫厘，谬以千里。

因此，现在制订经营计划时首先需要考虑企业目前所处的行业将来会演变成什么样子，再考虑在这样的背景下本企业具有哪些方面的优势，适合在哪一部分的细分市场中运营，这样才能搞清楚针对哪一部分的细分市场进行需求预测才最好。

我曾于1984年10月在美国出版的《商业周刊》上撰文，题为"经营计划的制订有什么样的变化"，有兴趣的读者不妨找来读一读。在这篇文章中我所强调的是无论是美国企业还是日本企业，在制订经营计划的问题上都犯了基本的错误。

通常认为，日本企业大多不善于制订经营计划但对计划的执行却颇有心得；而美国企业则恰恰相反，善于制订经营计划但是在执行的过程中却往往力不从心。

我的看法是：美、日两国企业对于制订经营计划的前提都缺乏充分的认识。随着技术革新的兴起，综合考虑前述的其他几项革命，假如不能对经营计划制订的前提有明确的认识，想要制订出一份好的经营计划实在有些为难。

在此以计算机行业为例进行分析。在预测计算机行业未来的需求时，各位读者打算从什么阶段开始展开预测呢？看起来好像毫无头绪，想要准确预测计算机行业未来的需求，其困难程度超乎想象。

具体来说，最初计算机是从"文字处理机"或者"智能终端"之类的产品演变而来的，同时具备了两者的特点。然而从产品属性乃至市场的角度，如何对其进行划分却并不明确。预测是以文字处理机市场的规律还是以智能终端市场的规律为基础进行才更好呢？如果预测的基础不同，那么无论对商家销售的方式，还是用户使用的方式，甚至对产品本身，意义都会完全不同。

在制订经营计划的过程中需要把大量复杂的因素纳入考量，比如：微型计算机和计算机芯片的工作方式等，毫无疑问，把这些因素纳入考量会使经营计划的制订过程变得异常复杂和烦琐。

最后往往是企业无法通盘考虑到所有这些复杂的因素，只能退而求其次地把经营计划书简化成本公司的产品未来在整个市场中能够占据多少市场份额的计划书。分母当然就是整个市场的容量，分子则是本公司产品的销售量。说到底，经营计划从本质上变成了本公司产品在该市场中究竟能保住多少市场份额。把整个市场作为分母，而把本公司所销售的产品作为分子，这一公式简单明了却明显有悖于制订经营计划的初衷。

我希望大家思考的问题是：到底应该把什么样的数字带入到分母里去呢？原来分子、分母的数字都是非常清楚的。比如对于推土机的市场而言，就是以推土机市场的全部销售数量作为分母，以本公司销售的推土机数量作为分子即可。然而在今天的市场现状中几乎没有哪家企业有能力清楚、准确地确定这一分母。

为了说明企业面临的这一困境，再以电视机的市场为例。有的人把电视机连接到电脑上，把电视机当成显示器来用；也有人买电视机是在唱卡拉 OK 的时候用，于是电视机又变成了卡拉 OK 机或者立体声音响的一部分。随着市场的边界变得越来越模糊，目标市场到底应该确定在什么范围？正是这一困境导致了企业即使把经营计划简化成一个简单的公式也依然难以确定分母。关键是分母的不同将导致整个公司的计算结果即经营计划完全不同。

在银行业也存在着类似的问题。今天的银行业务范围已经和传统的银行有了很大的区别。今天的银行业务已经不能再简单地概括为"存款"和"贷款"这两项业务了。今天的银行业务已经开始包括在世界各个主要金融市场上的金融交易，比如在欧洲主要金融市场的债券包销发行业务以及项目融资业务等，这些业务都应该成为"分母"的一部分。

也就是说，现今制订经营计划时所面对的局面是：选择什么样的分母关系到选择什么样的市场或者说哪一个战场。当市场整体处在不断地扩张的过程中时，原有的市场有的不断扩张，有的快速萎缩，有的则是边界变得越来越模糊。在这样的前提下，本公司究竟要在哪一部分市场中参与竞争，这部分市场对于本公司来讲就是正确的"分母"。要想做出这样的决定，只有那些能够总览市场全局的企业经营者才能做到。绝不能委托无法总览市场全局的人去决定自己公司未来应该参与哪一部分细分市场的竞争。

以缝纫机企业为例，如果在编制经营计划时只是简单地说"目标市场就是缝纫机市场，主要的客户群体是女性消费者"的话，这样编制出来的经营计划无论怎么看都是没有价值的。现代的日本女性已经逐渐停止使用缝纫机了。

在这种情况下就需要对分母扩展开来进行解释。可以把缝纫机划分为"机械电子"产品，也可以视为"分期付款销售产品"。归根结底，这家缝纫机生产企业需要仔细研究和探讨究竟运营在哪个细分行业中。如果选错了细分行业的方向，那么无论什么样细致的讨论都无异于缘木求鱼。

然而最近出现了很多荒唐的经营计划书，这些经营计划书荒谬的程度不亚于要更换早已沉没了的"泰坦尼克号"上的椅子。刚才说的以日本女性为对象销售缝纫机的经营计划当然就属于这类荒唐的经营计划。其他的诸如鼓吹"不去西式裁剪学校也能掌握裁剪技能"之类的经营计划也属于此类。按照这样的经营计划去执行的企业不会有回头客，这一点已非常明确了。

超级多面手的必要性

随着技术革新愈演愈烈，对于企业内部制订经营计划的人来说，对"分母"进行必要的修正已经变得越来越重要。换句话说就是，在市场状况产生巨变，原有的市场分界线变得越来越模糊的前提下，企业在制订经营计划时需要对未来究竟运行在哪一个细分行业当中有明确的思考。

不可否认的是，有些人总能为自己所在的公司清楚地找出合适的"分母"（即未来企业运营的细分市场），对于企业来说，能遇到这样的核心管理者真是很幸运。

下面再以宗教为例进行说明：如果只是想着"这个人从前是严格的天主教徒"或者"这个人原来只信奉禅宗"，则这样的宗教很难在这个社会上聚集起信徒。哪怕是影响深远的宗教，比如佛教，也需要慢慢地扩大对于教义的解释，不拘泥于"过去"而是着眼于"现在"和"未来"才能逐渐地增加信徒的数量，并最终成为一个影响深远的宗教。

企业的核心管理者一定要意识到随着"分母"的变化，经营的理念会在不知不觉中逐渐地有所改变。日积月累的结果可能导致经营理念彻底性的变革。所以企业应采取的各项战略也必须随时进行调整。也希望各位一定要经常思考企业经营的理念。

那么究竟为什么企业的核心管理者自身的视野总是容易受到局限，或者说不能主动地对"分母"进行调整呢？思考这一问题有着非常重要的意义。原因是当身在其中时所看到的世界与旁人眼中看到的世界有所不同。比如周围人、公司上上下下的人、不同部门的人、同行业的人，每一个人都有不同的视角。人为什么会对很多非常熟悉的事情"熟视无睹"呢？我想答案就是这些企业核心管理者总是在和自己身边的人交流而无法真正跳出这个环境从全新的视角对自己的企业进行审视。

另外一个不容忽视的原因是，日本企业对于某一行业专家的"迷信"。现今大型日本公司的一般做法是在一名员工进入公司以后，用10年甚至20年的时间逐渐地将其培养成某一个领域的专家。"二战"结束后百废待兴的混乱时期，这样的做法简直不可想象。那时候企业中的员工一个人经常需要做多种完全不同的工作，其结果是把一名员工锤炼成了对企业全部经营过程都有所了解的"多面手"。然而今天，日本企业里的员工则是在刚一进入公司就确定了日后的发展方向到底是管理方向，还是生产方向，在一些大企业当中按部就班的年轻人甚至可以一眼看到自己未来10年、20年甚至全部职业生涯的发展方向。一旦未来职业发展方向确定之后，就算是一直干到公司的董事大概也不会有什么节外生枝的事情发生。形成这样的氛围之后，一个人当然很容易随着在公司服务年限的增长逐渐地变成某一个领域里的专家。

然而培养这样的"专家"的代价却是高昂的。通过这样的模式培养出来的专家们向公司其他的部门、行业内其他竞争对手，乃至其他相关行业学习的机会自然是凤毛麟角。专家们的思维方式一旦固定，就只能按照这样固定的思维方式去思考，一旦遇到原来没有见过的新问题或者是需要对其他部门、竞争对手、相关行业等有所了解才能解决问题，原有的思维方式就无法正常工作，脑子也就完全不转了。从心理学角度讲，人类不善于积极地探究看不见的地方，去冒险，去探求，去求取真谛。

在进行咨询服务或培养后辈的时候，我常常为大家讲一个故事：有个人的东西掉在了地上，在夜路上拼命地寻找。路过的人都觉得他很可怜想要帮助他，但是丢了的东西是一下子找不到的。这时听到帮忙的人问："是在这边掉的吗？"丢东西的人回答说："不是掉在这边的。"帮忙的人奇怪地问："那还为什么要在这边找呢？"丢东西的人回答："因为这里有电灯，在这里找比较容易。"

这个故事的启示是：人都倾向于在自己最擅长的领域拼命地干。企业在寻找问题的解决方案时就如同这个找东西的人。企业的管理者倾向于通过发挥自身企业的特长去解决问题，而很多时候并没有解决问题而只是暂时掩盖了问题。无法切中要害找到问题并有针对性地解决，最终的结果很可能如故事里的那个人一样，事倍功半。在考虑企业的方向时或者在制订经营计划时也是如此。当企业遇到问题时，如果核心管理者能有意识地向着企业不擅长的方向去寻找答案的话，或许更容易发现解决方案。如果把这个问题交给某一个领域的专家，这位专家大概会说："向着比较容易找的方向去找"。然而过去几十年日本企业里培养出来的恰恰是这样的专家。

当下企业若想有意识地向着原先从未涉足过的领域进军，企业中就必须有"超级多面手"一样的人物。在原有的"分母"（即目标细分市场）逐渐缩小的时代，企业中首先必须有能够毫无畏惧地提出疑问的人，否则就无法扩大分母。东北大学金属材料研究所从事冶金研究的人员就是所谓的某一领域的"专家"。就算告诉这样的研究人员"现在铜材质的电线正在逐渐被社会淘汰，仅仅在冶金领域研究下去是没有出路的，现在开始必将进入光纤时代"，"专家"们还是会回答："可是我的整个学术生涯直到今天都一直在研究金属晶体点阵的缺陷啊。"对于这样的"专家"来说，铜材质的电线一旦被淘汰，以后又能怎么办呢？对铜材质的电线进行改进的空间非常有限，它根本无法和光纤抗衡，这一点尽人皆知。所以这些"专家"再怎样呕心沥血地付出艰苦的努力也无济于事。这才是问题的症结所在。更换掉"泰坦尼克"号上的椅子与这里所说的"改进努力"本质上如出一辙。

把这样的努力应用在运营方面当然有必要的。但是对于企业的核心领导者而言同样有必要让自己去看不同的风景，带领企业进入不同的领域。从前那些金科玉律般固定不变的概念在今天的时代已经不适用，本质上的原因就是技术革命的兴起。

三、生产革命

界面上的问题

第二点就是"生产革命"的风起云涌。在现今的时代兴起的生产革命与以前曾经出现过的自动化革命相比，一个显著的特点就在于灵活性得到了极大的增强，并且，原来只能大量生产少数几个品种的商品现在已转变为，能够以中等产量生产中等数量品种的产品。

如果只是单纯地不断重复生产某一产品是永远无法以更小的批量生产出相对更为复杂的产品的。其中的矛盾点就在于，原先以大的生产"量"来降低生产成本，追求规模效益。而在现在的时代大批量生产出来的产品已经不能满足消费者个性化的需要，这就必然要求企业以更小的生产量去生产相对更为复杂的产品。对于企业而言，其中的痛点就在成本问题上。

以日本的制造业企业的现状为例进行说明。现今大量日本制造业企业的最终产品所实现的附加价值当中的六成到七成是由外购的零部件带来的，事实上本企业仅仅是将外购来的零部件进行"组装"而已，这一过程并不需要非常复杂的专业技能，真正能够带给企业的附加值也非常有限。再加上大量制造业企业并不具备进行营销活动和产品设计方面的专业知识和能力，于是这些活动也都通过委托外部的专业机构来完成。在日本经济高速发展的时期，大量日本企业都处在高度成长阶段，良好的成长性和不断增长的利润一定程度上掩盖了问题，但是当总体经济形势转差，消费者不再满足于大批量生产出来的产品，导致市场需求不再增长时，当初没有解决的问题又重新出现。原先的经营模式很难在新的形势下让企业保持盈利状态。如果想要保持生产的灵活性，在上游和下游之间做好衔接就变得非常困难。

当下哪怕是在本公司的工厂里，要想使生产线保持良好的灵活性，随时改变生产的产品，应付各种各样的情况都绝非易事。更何况在原来的模式下，大量零部件都是其他零部件供应商生产的，如果这些协同配合的工厂不具备更高的灵活性，是绝对无法适应经常修改产品设计、生产计划并以较少的产量进行生产同时使公司保持盈利的。这样的情况持续恶化的结果就是原来的制造业企业最终完全沦为负责为其他企业进行产品"组装"的外包工厂。

从行业分析的结果来看，在日本企业当中真正具备了独立完成全部生产过程的非常少。于是企业的管理者虽然满口说着"自动化工厂呀，即 FA 呀"之类的专业术语，但那些拥有大量资金的企业却在总体经济形势好、赚钱很容易的环境中变得越来越故步自封，导致与外界的衔接变得越来越困难。

虽然很多企业的管理者都说着 CAD 和 CAM 之类的名词，事实上产品的设计与生产之间的衔接非常困难。普遍的情况是企业中负责产品设计的人说已经把设计图纸输入了电脑，然而在生产现场实际操作的工人却对此一无所知。在桌面电脑逐渐普及的同时，在设计和生产衔接的过程中"人的因素"所起的决定性作用变得越来越重要。

其次，自动化的潮流正在逐步渗透到产品组装产业。目前的情况是组装工厂需要雇佣大量的工人进行操作，但未来的趋势一定会是通过"自动化工厂"由机器来替代现在只有人才能完成的组装工作。结果必将导致组装工厂不再需要大量的劳动力。这些工人未来的就业问题如何解决是日本社会需要面对的问题。

再次是日本与东南亚各国之间的关系也正在变得越来越复杂。到现在为止，东南亚各国都一直在源源不断地为日本企业提供廉价而优质的劳动力。然而最近出现的趋势却是一些实力雄厚的日本企业纷纷从东南亚国家中撤离。这些企业原有的经营模式是在日本采购来零部件，在东南亚国家的保税区里生产，再将产品运到其他发达国家市场中进行销售。然而最近这样的模式却出现了"失灵"的情况，即通过这个模式生产出来的产品卖掉之后赚不到钱。

由于我曾经担任马来西亚政府的顾问，所以有幸获得了到东南亚各国去进行参观和调研的宝贵机会。由于上述的原因，在这一地区开展业务的日本企业数量正在变得越来越少，即使是那些仍在这些国家坚持开展业务的企业，业务的规模也出现了明显的下降。

在和日本企业一同进入东南亚各国的外国企业中，无论是德国企业，还是其他发达国家的企业，现在也都束手无策的状况，纷纷逃到周边国家当中的马来西亚、印度尼西亚或是斯里兰卡去了。在这样的情况下，其实真正的出路非常明确，只有转而向中国大陆去建厂谋求发展才是长久之计。中国大陆在人口的方面几乎是无限多的，这就导致劳动密集型的组装加工业的成本非常之低，单件产品的组装费用甚至可以低至两到三日元的程度。对此有先见之明的日本企业已经开始了行动。他们甘愿承担在中国大陆投资建厂的风险，并且在中国大陆所建立的都是技术最先进的工厂。然而如果要在中国大陆建厂，就需要对当地政府有无限的信任，否则是绝对不行的。但是在中国大陆建立起规模巨大、技术先进的工厂并使之成为面向全世界的供应基地，也有可能带来企业的灵活性下降等方面的问题。

从这个意义上说，生产革命对企业所产生的影响非常深远。一方面如果合理地利用好机会，可以非常强有力地增强企业的实力；但另一方面也可能反过来使得企业"尾大不掉"，灵活性变得越来越差，企业在面向未来的战略选择上的灵活性也会变得越来越受到局限。

让我们再从日本的角度去考量，日本与东南亚各国之间的关系究竟怎么样呢？日本在应对和解决诸如"南北问题"这样极其复杂、影响深远的国际问题时，究竟能为其他国家做出什么样的贡献呢？事实上，日本能做的事情所剩无几。所做的努力最终仅仅简化成了类似于提供对外援助之类的事情。我觉得如此重大的问题之间还是有许多联系的。

在去年（昭和五十九年，即 1984 年）的秋天我通过美国的麦克米伦出版社出版了一本题为《今后的世界企业将走向何方》的书。我在这本书里围绕着"南北问题"是否能够真正解决阐述了自己的观点。

从表面上看，无论日本对于类似的国际问题表现出何种程度的同情态度，只要中国进入东南亚这一对日本来说重要的劳动力市场，东南亚国家联盟的未来都将变得暗淡。从这个意义上讲无论日本再怎么说"负有责任"之类的谎话，估计到了五年、十年之后问题也未必能得到切实的解决。现在对像纤维行业这样技术门槛很低的加工行业来说，中国相较于东南亚各国在人力资源的成本上拥有压倒性的竞争优势。这是一个不容回避的现实，真正的问题是日本企业如何合理地利用中国大陆劳动力成本低的优势加强自身的竞争力。

从可变费用型的装配产业到固定费用型的装置产业

对日本企业而言存在的另一个问题是：如果推行自动化工厂就需要花费金额巨大的固定费用，也就意味着，从一直以来的可变费用型的装配产业向着固定费用型的装置产业进行转变。

固定费用型的装置产业意味着工厂必须保证一定程度的开工作

业。从会计的角度讲，在建立工厂时投入了大量的资金，这些固定资产的成本将在未来生产的过程中被逐渐地摊销到产品的成本中去。如果生产出来的产品不能满足市场的需要，导致产品销路不畅的话，产量越小，固定资产的摊销带来的产品成本就越高，这又会导致产品市场销售价格进一步上升。反过来，又会造成销售状况变得更差，从而进入了恶性循环。

像山崎铁工和发那科等的公司虽然放出豪言壮语，说盈亏平衡点在 20% ~ 30% 左右，然而说到底企业的管理者当然还是希望能获得更多的市场份额。然而市场份额的扩展却并非一朝一夕能够完成的。产品糟糕的市场表现经常使管理者乱了方寸，越来越倾向于采用提高企业短期利益的战略。但是这样的战略经常是以牺牲企业的长期利益为代价的。最终的结果就是企业的战略变得越来越混乱。归根到底，原来那些低技术门槛的装配产业已经开始逐渐转型成为装置产业，就连现在的半导体产业也已经变成装置产业。

把这些情况都考虑在内，原来可变费用型的产业最终将消失，固定费用型的装置产业将取而代之。但是这样转型的代价是企业逐步丧失灵活性。

在此之后，一系列其他问题就逐渐浮出了水面，比如产品市场价格下降。原因是许多生产企业仅以边际利润为基础制定产品的销售价格，从而导致市场转向以价格竞争为中心的运行模式。

即便是企业顺利完成了像"自动化工厂"之类听起来很厉害的转

型，如果企业缺乏经营能力的话，从长远的角度讲，整个行业的发展趋势就会如同我们今天在砂糖行业里所看到的一样。

我相信各位读者已经对生产革命有了非常清楚的了解，我建议各位即使略过本章中的详细解释也依然有必要仔细思考生产革命对于经营的意义。参与生产革命的前提是具备一定程度的经营能力，否则就算早早参与了生产革命，也无法给企业带来彻底的变化，最终依然难逃被整个行业淘汰的厄运。

四、业务革命

企业的行政改革

第三项革命即"业务革命"。也有人把业务革命称为 Office Automation (OA)，而业务革命本质上就是业务操作方式的革命。

这项革命覆盖了企业中的很多领域，当今日本人口的一半以上都以各种各样的形式从事着各类"业务"。仅从数量来看，现今在工厂上班的蓝领工人的数量比较少。在具有国际竞争力的行业中就职的蓝领工人的数量大约只占日本总人口的 13%。所从事的行业不具备国际竞争力的蓝领工人再加上不直接从事生产活动即通常被称为"白领"的人，约占日本总人口的一半以上。

假如业务革命真的在日本普遍开展，基于对以上数据的分析，可以悲观地预计日本的失业率将会成为全世界第一。

举个例子，如果业务革命发生在流通领域的话，根据我目前的估算，因为业务革命的实行而失业的人数将会达到 600 万人左右。如果再极端一些的假设，假设有了电话和个人电脑之后企业就不再需要专门从事销售的人员了，那么现在的这些销售人员也就自然而然地失业了。一旦把营业简化到只剩下对新产品进行说明的地步，那么因为业务革命的实行而失业的人口必将进一步增加。

土光先生所倡导的企业行政改革并没有把技术革命和业务革命作为前提。然而企业的行政改革进展相当迟缓。真正的业务革命不能等同于行政改革，而是在推行行政改革的同时实行业务革命。极端一点的说法是：只要作为日本的行政单位的县厅和派出所存在就全能完成政府的全部工作。

在县厅完成申请居住手续，在就近的派出所完成诸如印章登记和居民居住变更等手续，其他所有的业务应该也都可以在这两级的行政管理单位完成。如此一来，市政府办公厅和区政府办公厅也就没有必要再存在下去了。

在企业里也发生着同样的变化。当发挥业务革命的潜力，不断追求技术进步带来的各种可能性时，大量的人无可避免地会失去工作。此时"国家"的存在似乎变成了一件不可思议的事情。然而机械技术飞速发展，在越来越多的方面完全可以取代人工劳动的同时，国家却为了保障人们的就业而强迫企业使用原来的方式工作，最终就会变得像英国的铁路一样可笑。

要问英国的铁路究竟是怎么一回事，就是虽然已经装备了电气机车，但是火车上依然载着原来的旧锅炉。原因说起来令人忍俊不禁，仅仅是因为如果没有了锅炉，那些原来负责往锅炉里加石灰的工人就失业了。英国人为了保留这些人的工作岗位，想出了在电气化机车上保留锅炉的主意。

如果真的要消灭类似这样的工作岗位，那么市政府办公厅和区政府办公厅也就失去了存在的理由。现在市政府办公厅和区政府办公厅所办理的业务其实在县里并非不能办理。再说，如果能在离我们这些民众居住地最近的派出所办理的话，实在是再经济实惠不过了。

像这样的与业务革命相伴相生的行政改革在企业中也同样存在。如果推行技术革命导致企业不再需要人工整理销售额或者管理库存的话，最终人类在企业中还能做些什么工作呢？对于企业来说，为什么还需要这些工人呢？在未来出现诸如此类的问题似乎已经是不可避免的了。

企业中还有一些工作比如说劝说客户购买产品、对新产品的设计等进行考量以及教育后进入公司的晚辈等恐怕无法通过技术革命由机器取代人来完成。

当社会进步到所有客观上能够通过技术手段完成的工作全部通过技术手段完成时，企业的竞争力相较于目前的状态无疑会有天壤之别。毫无疑问，在这样残酷的竞争中落败的企业只能接受倒闭的命运。所以企业的管理者如果只考虑自己公司的问题却忽略了整个行业正在经历的变革，就会变得对整个行业越来越陌生。与此相反，企业的管理者应该尽可能做到对行业里其他企业即竞争对手的情况了如指掌。从企业之间相互竞争的角度看，在固定费用无法减少的前提下，如果不能对其余的成本和费用进行合理控制，就很难在残酷的竞争中生存下去。

在企业内部推行业务革命，企业的实力将会出现两极分化的状况。在整个行业发生剧变的时刻与其还是抱着"最后应该有谁来帮助我吧，行业整体消失的事情绝对不会发生"的想法等待救世主降临，还不如充分利用突飞猛进的技术，尽可能地通过改变企业自身来重塑在未来行业中的地位。

以企业的主体为重

那么到底是什么因素在不断地推动业务革命的进展呢？在此给出一个非常简单的答案：这个推动力必须来自于企业的核心管理者自身而不是来自于企业外部。

现在大量企业推行业务革命的动力来自于办公自动化软件的生产商。这些厂商在报纸上连篇累牍地刊登办公自动化产品广告。然而事实上，大肆宣传办公自动化产品能够给企业带来何等好处和进步的办公自动化软件生产商对于企业究竟如何开展业务却是一无所知的。

办公自动化产品的制造商各有所长，有的对企业开展的业务有比较深的认识，他们告诉企业业务就应该这样做，销售就那样做，如果这些全都实现了的话，只需要现在 1/10 的员工就足以支撑企业的业务了，这样的话对于企业来说听起来很有吸引力。然而他们所销售的办公自动化系统却并不一定适合客户的具体需求，几乎没有一个企业能够直接购买来一套软件就在企业内部顺利地使用起来，更别说达到之前办公自动化厂商所宣传的效果了。

销售人员什么都卖，传真机、PPC、个人电脑和迷你计算机等，但办公自动化软件却不同于这些高度标准化的办公机械，如果办公自动化厂商没有时间好好地理解客户的具体需求，结果只能是开发出一套高度标准化的系统。在面向客户推销的时候都把自家的产品宣传为最好的产品，由于这些广告都没有真正地站在用户的立场上去考虑，而是简单地认为尽可能地放大宣传就会使宣传变得更可信，于是广告在报纸上所占的版面越来越大。然而办公自动化软件在企业中实际运营的效果和广告在报纸上的版面大小并无关系。

企业自身对于办公自动化产品的无知，再加上办公自动化的开发商根本没有意愿真正地去理解客户的业务，导致企业在选择办公自动化软件时，只看对方资本实力的强弱甚至是在广告页上所占的版面大小。结果可想而知，企业想靠他们去推动业务革命是不可能的。

举例来说，在全日本的石油行业中一共有 6 万多个加油站，据统计其中两万多个都处于亏损的状态。这其中必定有一些企业希望能够通过推行业务革命来促使、帮助加油站扭亏为盈。

然而那些把各种各样的软件系统和计算机设备卖给加油站的企业

却很少思考究竟如何才能使这些加油站扭亏为盈。销售人员只是巧舌如簧地对加油站的人说："只要安装好这些机器，改革就能够实现了。"他们就是凭着这句话把系统卖出去。然而我从来都没听说过哪一个加油站是因为安装了软件和计算机系统实现了业务革命并最终扭亏为盈。

企业安装软件系统和计算机系统的目的之一是帮助企业合理地控制费用，事实上软件开发的厂商也的确在系统里做了各种各样的设置，各种程序的数量也在不断地增加。然而在使用中大部分企业最终都只是把计算机系统输出的结果堆放在资料室，并没有专门的人员对计算机输出的结果进行分析，更谈不上利用这些分析的结果辅助管理层做出决策。在这样的情况下，靠办公自动化专业厂商和他们开发出来的软件在企业中推动业务革命是不可能的。

办公自动化软件开发商们肯定是在推动"办公自动化设备"的革命，然而这并不意味着在企业中推动业务革命的前进。推动业务革命，最基础的工作就是仔细分析企业的实际情况，而只有企业的核心管理者最熟悉企业运营的每一个环节上的细节。企业必须具备根据自己的实际业务流程找出能够通过软件系统提高效率、节约成本的关键环节。与此相比，究竟以何种形式引入最先进的技术倒是第二步的问题。企业自身必须具备评价办公自动化软件优劣的能力，这一标准显然不是广告在报纸上占的版面大小。在实际执行的过程中企业也必须充分办公自动化系统、设备及输出结果在帮助企业提高运营效率、节约开支方面的潜力，把计算机输出的结果全部堆放在资料室是没有意义的。

银行和其他金融机构也出现了"第三次上线"的浪潮，其特点和在企业内推行办公自动化并无区别。银行和金融机构所采用的计算机系统规模巨大，在安全性和可靠性等方面的要求远高于一般的商用系统，各家软件制造商和计算机厂家争夺订单的竞争激烈程度不亚于相扑比赛。

日本的情况与美国不同。在日本，没有一个独立的第三方能够和用户一起就业务系统将要达成哪些内容进行仔细商谈。结果就是日本企业在施行业务改革时直接跳过了这一步，没有对系统的具体要求进行讨论立刻把制造商叫来。制造商为了拿到订单，很快就按照自己的想法提出了一整套非常庞大的标准化系统方案。

美国的情况又是怎样的呢？如果经营者想要在企业中推进业务改革，首先叫来在专业从事计算机领域咨询的咨询顾问公司。这样的计算机领域咨询顾问公司严格中立，不会跟某一家软件系统或计算机系统制造商暗中有什么交易从而对其有所偏袒。咨询公司的人首先分析客户的业务，找出目前业务中需要改进的关键点，然后提出系统提案，之后再叫来几家软件系统和计算机系统的制造商，让这些制造商根据咨询公司提出的详细要求提交解决方案，最后选择提出最佳方案的系统制造商完成系统的开发。

美国人这种先分析需求再量身定制的做法不光体现在开发计算机系统的方面，在建筑一幢大厦的方面也是一样。在美国，当一家公司想要建设一幢大楼时，首先是确定设计者，然后再按照选定的设计方案遴选与之配合的建筑承包商。与此形成鲜明对照的是，在日本由于设计者和建筑承包商之间的职责界线非常的模糊，通常的做法是叫来一个承包商完成整个工程的全部工作，于是承包商提出的方案是包括了设计和施工的整体方案，其中不对设计和施工进行区分。由于日本存在着不利于培养中立专业人士的土壤，这种倾向也逐渐地蔓延到了各个领域，计算机领域当然也无法幸免。

在日本虽说也存在着"专业从事软件领域咨询服务的咨询公司"，但事实上这些公司都隶属于某一家软件开发公司。这样的软件咨询服务公司从最初就和所隶属的软件公司之间有着千丝万缕的联系，根本不可能保持所谓的"中立"，他们给客户提供的咨询服务说来说去就是在推荐本公司背后的软件开发公司的产品，甚至把这些咨询服务公司视为背后那家软件公司的销售部门也不为过。产生这种现象的根源是日本的计算机系统制造商高傲地认为对用户的需求进行分析对于整个系统开发来讲只占很小的一部分，这个在整个工程中被认为没有价值的部分会被"外包"给所属的咨询公司。而这些咨询公司虽然自诩专业从事计算机领域的咨询服务，但说到底还是想从系统制造商那里获得一些回扣，于是整个项目从最开始就被弄得乱七八糟。

很多企业管理者虽然嘴上说着"第三次上线""业务革命"等名词，然而事实上他们并不能详细地解释清楚这些名词的含义，更谈不上利用这些革命和潮流来推进自己企业的发展了。这样的企业管理者一边看着提案，一边心里想着如果在竞争中落后就会有大麻烦，于是在不明就里的情况下匆忙地签字画押，导致企业在花了大价钱推行这些所谓的革命多年之后却看不到什么实际效果，企业管理者又对此感到很焦虑，如此循环往复。

这种情况可以被认为是日本社会的结构性缺陷。如果在业务革命进行时自己的公司没有足够的自主性，结果肯定不堪设想。目前的日本社会没有能培养出专业、中立的计算机系统领域咨询公司的氛围。

归根到底，在谈到业务革命时，如果自己的公司没有足够的自主性，结果会有怎么样呢？没有足够的能力评价软件系统供应商的好坏，只能让宣传得最卖力的开发商来试做。企业对系统开发商言听计从，结果只能是整个项目乃至整个公司都被搞得七零八落。如此行为与"投资建立一套系统"背道而驰，最终把企业衰败的原因归结于要实现办公自动化实在是荒谬绝伦。

五、流通革命

第三次流通革命渐入尾声

第四项革命则被称为"流通革命"。最近的流通革命看起来好像正在逐渐告一段落。我的观点是：经过这次流通革命，形势可谓又进了一步。

在第二次世界大战后的历史中发生过数次流通革命。简单回顾一下，以家用电器公司、汽车制造商和轮胎制造商等为代表的企业从原来的间接管理销售公司转变到对其进行直接管理，即所谓的"直接管理下的销售公司"被称为"第一次流通革命"。

第二次流通革命中，"超级市场"这一崭新的业态开始出现。超级市场的出现也对大百货商店和"爸爸妈妈渠道"发起了严峻的挑战。

说起以超级市场的出现为标志的第二次流通革命究竟有何意义，

我认为重点不是提高了经营的效率，而是超级市场通过大量采购迫使供应商降价，即通过大量采购使自己能够以更便宜的价格采购到商品，从而把价格的压力转嫁给供应商。如果只看经营效率，超级市场构成的销售渠道的经营效率并不一定比传统的经营渠道的经营效率高。

如果要问为什么建立以超级市场为代表的新型销售渠道成本会比较高，主要原因是建设以超级市场为核心的销售渠道需要大量新的投资，而这些投资尚未充分地获得收益。一些公司为了扩展其以超级市场为核心的销售渠道勉强在地价最昂贵的地方购买土地，甚至盖起漂亮的大楼，但是最关键的量贩体制却无法因此而成形。日本的《关于调整大型零售商店零售业务活动的法律》开始实行之后，如果超级市场无法再在此基础上继续增长，说不定第二次流通革命就这样会以完全失败而告终。

传统的销售渠道面临新出现的超级市场的挑战也纷纷采取像7-11等便利店的方式，一方面追求在很小的店面里实现系列化，另一方面希望能发挥出大公司的优势。基本的想法与建立起大量小店面的超级市场相同，就是也希望通过大量采购给供应商施加压力以压低进货的成本。两者的区别仅在于超级市场的经营模式是希望通过大量的小店面把大批量采购来的商品卖给消费者，而传统渠道店面相对比较少但远比超级市场要大，第二次流通革命推行至此，所谓低成本的销售渠道依然没有出现。

此后第三次流通革命正式登场，其标志是友都八喜和新特鲁高尔夫等公司的兴起，所谓的"超级折扣"的销售方式出现了。

第三次流通革命兴起的产品领域是那些单价相对比较高，流通领域的利润率保持和传统渠道相同，采购频度相对比较低，差不多都是5年买一次，甚至是6年买一次的东西。

像家电产品和照相机之类的商品在制造成本之外的利润空间非常大。以照相机为例，售价为10万日元的照相机的制造成本也就是三万日元左右。电视机的情况也差不多，制造成本大概是售价的25%。

眼镜行业的制造成本大概不足最终售价的10%。那么如果要问企业凭什么把最终的售价定到制造成本的10倍，换句话说，企业的主要成本发生在什么地方，顾客花钱所支付的是哪些企业的费用，答案是这些企业的库存费用和广告宣传费比较高。

于是"超级折扣店"就开始进军这些商品领域。友都八喜公司经营照相机产品的方式是通过大批量采购从厂家那里获取折扣。像樱花家和 Big Camera 之类的店都是以五折到六折之间的价格从制造商那里进行采购的。

现在看来第三次流通革命现在也渐近尾声。第三次流通革命最终的意义是制造商对价格谈判的能力完全丧失，经过整合的流通渠道由于有能力大批量采购而在价格谈判中掌握了主动权。

无限接近于制造成本

第四次流通革命的参考物是美国的四十七大街照相店，在这里日本生产的各种产品应有尽有。然而令人大惑不解的是同样的商品在美国的这家店里的价格比在日本本土商店的价格还要便宜。新商品上市的时间和日本本土上市的时间也几乎同步。

这家公司到底做了什么呢？店面的数量也不是很多，每间店面也不是很宽阔，楼层也不多，电话订货、信用卡支付、商品邮寄这些当代零售业的"标准服务"也是一应俱全。只要拨打一个800电话的号码，商家很快就能把商品邮寄过来。虽然店面不大，销售额却是全美第一。

购买东西的消费者通常会先在附近的超级市场或是百货商店之类的地方看好想要买的东西，离开之前记住商品的代码，然后再给四十七大街照相店打电话下单订货，并通过信用卡支付。

在日本采用分期付款的方式销售虽然可以一定程度上刺激消费者购买的欲望，但是收款风险依然很大。我想直到现在日本消费者大概还无法完全依靠信用卡付款的方式购买心仪的商品。然而在信用制度发达的美国，完全可以实现用信用卡支付。事实上，这家店自身的利润率仅为1%，实在是薄利多销的一个典型代表。

如果行走在友都八喜照相机公司的办公地点，你会看到"批发商请到二楼"的牌子。这个标志牌提醒我们，第四次流通革命已经近在眼前。对于中小批发商来说，去友都八喜公司的二楼进货与直接从厂商那里进货相比，还是从友都八喜公司进货更便宜。

各位读者一定会好奇为什么流通革命还有更进一步的空间，我觉得首先还是商品的价格比较高的缘故。如果制造成本只占到最终销售价格的两成五的话，扣除四成的销售折扣依然还有很大的利润空间。在这样的状态下是不能说流通革命已经结束了的，所以，相对比较大的利润空间的存在才是流通革命会进一步继续下去的根本原因。换句话说，只要利润空间依然存在，那么流通革命就会继续下去。

最后的状态恐怕会是：消费者直接从制造商那里购买产品。比如说，消费者直接到生产电视机的工厂去，在生产线的末尾从成堆的瓦楞纸箱子中间直接搬走要购买的电视机。达到这样的状态并非天方夜谭。脾气更加急躁的人大概会不等电视机装箱就从提货。

这就是我们所说的"第五次革命"，即用户变得能够以无限接近制造成本和服务成本的价格购买到产品和服务。

这样一来，无论是产品还是服务，其利润空间就被压低到极限了。就像本书前面部分所讲的那样，要想逆转这种趋势，唯一的办法就是制造出一种能让顾客无论如何都想要买的产品。这种产品和其他产品相比具有明显的差异化优势。只有这样才能让顾客在价格方面失去发言权而任由商家给产品定价，商家也就由此能够自由地操纵产品的价格给自己留下可观的利润空间了。

如果在产品制造层面上无法实现差异化，那么无论产品的技术门槛多么高，产品最终都会沦为之前所述的"工程商品"，而某一种产品利润空间的消失也就标志着其最终成为流通革命的牺牲品。在读完本章之后，我希望各位读者能用自己的头脑对本章中的内容进行思考。

六、全球化革命

6 亿人的日本、美国、欧洲（JUE）市场

最后要讲的是正在进行中的第五项革命，即"全球化革命"。我觉得也可以称之为"企业的全球化"。

为什么会出现这样的革命呢？原因之一就是世界经济合作与发展组织（OECD）、日本、美国、欧洲所形成的三角形的区域中大概居住着 6 亿人口，特别是高附加值的产品中的 85% ~ 90% 都在这一区域内生产和消费。

与高技术相关的专利当中，日本、美国、欧洲就占了全世界总数的 90% 以上，同时日本、美国、欧洲可以相互注册专利。

虽说全世界大概有 30 亿人口，但是这 6 亿人口所支配的 GNP 就占了全世界 GNP 总值的 85% 以上。全世界 20% 的人口形成了 85%

的市场，同时也成为生产产品的基地。这样的事实的确存在。

如果要问这些人在过去的 10 年中有哪些变化，我想答案可以简单地概括为：这六亿人越来越变成"同一人种"吧。日本人和美国人在生理上的区别很大，很容易进行区分。但是我想借用《昆虫记》作者 Jean-Henri Fabre 的理论进行推理，日本人和美国人在购物的模式或者作为消费者的行为模式上几乎没有区别。

只要看看现在在东京的马路上散步的年轻夫妇就可以知道，很多人都穿着耐克的运动鞋、李维斯的牛仔裤，系着登喜路的腰带，穿着 Fila 的 T 恤衫，手里还拿着漂亮的大球拍。如果要问去哪里的话，肯定是去麦当劳吃薯条，还要在薯条上面撒上亨氏或者其他牌子的调味番茄酱。10 年前可是绝对没有这番景象的。

修地铁的工人在下了夜班之后去哪里呢？他们是要到美仕唐纳滋去。早上的时候一边喝着咖啡，一边吃着甜甜圈。直到稍早以前，修地铁的工人们还是去吉野家吃牛肉盖饭或者亲子盖饭呢。

或许会有人说这是日本人单向地西欧化的结果，那就请到纽约的街头看一看商务人士典型的午饭——吃寿司吧。不但如此，美国人现在吃寿司就连酱油都不缺。上下班开着丰田花冠，下班回家看松下的电视。家里人正在议论音响到底是买建伍还是买 Technics 好。所以说，如果单纯从消费者的消费行为来看，根本分不清到底是日本人还是美国人。

如果把美国人和日本人都作为消费者来看待，简直没有分别。基本上对于所消费的产品究竟是在哪个国家制造出来的，根本没有人会在意。这 6 亿人口在以一种不可思议的方式采取相同的行为模式。这些人无论是从学历的角度来看，还是从可支配收入的角度来看，还是从身处的国家的基础设施水平来看，基本上处于相同的条件、相同的状态之下。

这样自然而然地就会产生一个疑问：以国籍来区分这个人群是否真的有意义？我曾经为日本经济新闻的"经济教师"专栏写稿，在一篇文章中曾经谈到过，发达国家的人现在全部出现了"加利福尼亚人化"的趋势。

你如果和欧洲的年轻人聊天，会发现他们对"加利福尼亚"的憧憬是如此强烈。他们听的音乐都是西海岸的音乐，如果在加利福尼亚开始流行滑板鞋的话，很快滑板鞋就会在全世界流行起来。如果 T 恤和运动鞋样子好看，无论丹麦也好，阿姆斯特丹也好，还是原宿也罢，大家很快都会穿上同样的款式。

如果想要知道现在世界时装的流行趋势，根本不必去米兰，只要去青山大道就够了。去欧洲购物的尽是日本人，另一方面美国和欧洲的时尚界人士也都来到青山大道买东西。然而如果你要问他们是不是把青山大道当成日本了，他们并不认为那是日本。

归根到底，与世界经济合作与发展组织（OECD）的人民和 JUE（日本、美国、欧洲）的人民息息相关的市场正在变成同一个市场。同一个市场所指的并不是无论在哪里销售的每样东西都完全相同，比如一件商品出现在德国市场上的时候，就会变得稍微小一点，当这件商品出现在美国市场上的时候就会变得比需要的尺寸稍微大一些，这样的变化是必要的，但基本概念是每样商品在不同的市场上出现的时候都大体相同。

对于企业来说，输出比率究竟是百分之多少才比较合适呢？海外业务占总体业务的比例为百分之多少才比较健康呢？深入考虑之后会得到什么样的结果呢？

如果是 40% 的话，大概会被认为是太高了吧？日本的人口大约为 1.2 亿，如果国内业务占到全部业务的 20%，应该说正好处在一个平衡的状态。如果把世界经济合作与发展组织（OECD）中的人口、日本、美国和欧洲（JUE）的人口都作为本公司的目标消费者的话，可以看到他们的需求基本上是相同的。按照这个思路，认为日本国内的业务占总业务的 20%，美国占 30%，而欧洲占 50% 的想法也就一点都不奇怪了。要一直把 6 亿人口这个消费群体的总人口数作为思考的基础。

然而要把基本上相同的产品同时在不同的区域市场中推出，这一点极为重要。因为这些人所获得的信息在同一时间内基本相同。所有人在同一时间一起收看洛杉矶奥林匹克运动会。今天的纽约市场的股票收盘价是多少，大家也都可以同时看到。信息基本上都是完全相同的，大韩航空的飞机在被击落的时候所有人在同一瞬间暴怒。

这样的时代现在就已经到来了。这样的事实对于企业家来说，除了在地区市场的选择上要影响到"分母"之外，更重要的是要加上在地理上的扩展，这才是我想要强调的部分。

正如我刚才所说的，因为南北问题的意义极为深刻，发展中国家基本上无法加入到这个圈子里来。然而，如果大约 85% 的市场都有相同的需求，如何应对这一点对于企业来讲在计划未来的时候不可不考虑。这就是所谓"全球化"对于企业而言最为重要的一点。

相同点比不同点更重要

上述内容可不仅限于消费品市场，对于生产资料市场来说也同样适用。看看现在全世界占有重要市场份额的日本生产资料供应商，比如京瓷、NGK、NC 工程机械等等，在他们的工作现场就可以感受到正在进行中的全球化、均一化。

德国的工程机械生产商在市场中的处境为什么会越来越艰难呢？其实理由非常清楚。

德国工程机械生产商认为他们对于本国消费者需求了如指掌。

有一次，德国工程机械协会的人对我说："有什么好办法能阻止日本产的工程机械打进德国市场呢？"当我反问道："你们想要生产什么样的工程机械呢？"对方回答说："德国产的工程机械经久耐用而日本产的工程机械只能使用五 5 年。这样的工程机械如果进入德国市场的话可就麻烦了。"

我回答道："抱有你这样的想法才真正麻烦了。为什么这么说呢？

把一台工程机械使用 30 年的企业现在已经不存在了。如果哪个企业还在使用 30 年前的古董机械，用不了 30 年的时间就已经倒闭了。如果不能购买到最先进的工程机械以提高企业的竞争力的话，这样的企业在今天这个时代根本无法生存下去。再说，完全不知道 30 年前的生产形态到今天会进化到什么程度，就意味着至今还在按照 30 年前的方式经营着企业。正因为如此，德国的工程机械生产商才在市场上逐渐失去了他们的优势。以这样的方式是无法在今天的市场竞争中生存下来的，所以日本产的工程机械才十分畅销。"

所以说，"只能用 5 年的工程机械是绝对不能买的！"这就是 30 年前的企业经营理念。

并不是说，工程机械用 5 年就一定要坏掉，但是如果要让一台机器使用 30 年就意味着成本和价格成倍增长，这不正说明德国的工程机械生产商对市场需求的把握出现了问题吗？听了我的话，对方显现出非常吃惊的样子。

在这个案例中还要理解的是，无论是在日本也好，德国也好，还是在美国也好，生产商对于需求的把握都非常相似。同时到底如何才能提高自己企业的生产效率，大家都面对着非常相似的局面。

举例来说，ORI 生产的搬运机器人非常好，无论是在美国还是在德国都广受赞誉；发那科生产的机械非常好，同样是无论在美国还是在德国都深受市场的好评。现在的状况就是如此。

像这样 6 亿人口的需求逐渐趋同的现象无论是在消费品市场还是

在生产资料市场都一样。所以，与其强调各个区域市场之间的区别，还不如强调区域市场之间的共同点对企业更有意义。强调共同点可以把各个区域市场组合起来，视为一个规模更大的市场，这样业务量就会得以扩大，少说也是日本本土业务量的 5 倍左右。像以前那样先在国内市场销售，然后再考虑是否要出口到国际市场的慢吞吞节奏已经不适合于目前的时代了。

如果没有能够在瞬间就渗透整个 6 亿人的市场的能力，就必须和其他的某个厂商组合起来，必须建立起能够在瞬间就让 6 亿人从自己的研究结果中获益的体制。我看这就是全球化带来的最为深刻的含义。

所以最近出现了很多收购、合并之类的案例，也就一点都不令人感到奇怪了。

从安克雷奇出发的想法

在汽车制造领域里，所谓的"日美汽车战争"完全是子虚乌有的。美国政府为了对底特律的汽车行业进行救济而对日本的汽车制造业发起挑战，这样设计的脚本为美国政府的行为赢得了美国国内舆论的支持。日本政府的态度则是："啊！是吗？那么就把出口到美国的汽车数量控制在每年 160 万台吧。"但实际上"美国即日本"。福特产的汽车极大地依赖东洋工业所生产的零部件；通用汽车则和丰田、铃木、五十铃公司都有着千丝万缕的联系；克莱斯勒卖的其实就是三菱产的汽车。美国所提出的"日本车的问题"其实大半是给底特律演的一出戏而已。

当日美汽车战争的言论甚嚣尘上的时候，对于在美国底特律的汽车制造商来说，如果真的把日本的汽车制造商制裁得体无完肤的话，其实无异于对自己公司在日本的关联企业和分、子公司宣战。一旦出现这种同室操戈的场景，就要有劳美国贸易代表和日本通产省的官员从中交涉协调了。实际上，无论是任何一方最终利益受损，都会给底特律的汽车行业带来伤害。

但是因为日本限制了出口到美国的汽车总量，所以可以杜绝廉价销售给美国汽车市场带来的混乱。然而结果是，美国对日本发表了一通没有道理的牢骚，日本对美国却敢怒不敢言。美国和日本汽车行业事实上是一个整体。

在计算机行业和机器人行业的情况也是如此，日本、美国和欧洲这三方的关系正在变得越来越复杂。日、美、欧这三方不但在金融界存在问题，在其他几乎所有的行业里也都一样存在问题。

如果要问到底为什么会造成这种状况，正如前文所述，日、美、欧三方在市场需求方面基本一致，只要三方相互之间能够融洽地合作并保持良好的关系，即使在国内市场上受到竞争对手的压力，也能够和远离国内市场的敌人（或同伴？）联手，相互输送炮弹打败竞争对手。

在日本最不像话的一点是，企业只要其产品在日本国内市场份额领先，即使在国际市场上的市场份额落后也不会受到什么严厉的批评。

这就意味着真正令人感到可怕的竞争对手其实是在国内竞争的对手。从另一方面说,既然全世界对产品的需求已经开始出现同质化的趋势,在自身的力量不足以在竞争中占得先机时可以采取借助实力强大的同伴的力量参与市场竞争的战略。

我在自己的思想不断完善的基础上,渐渐觉得安克雷奇具有一个独特的优势。安克雷奇所在的位置能够在 7 小时到达东京,7 小时到达杜塞尔多夫,7 小时内到达纽约中间的任何位置。如果按照这个想法,就可以在基本相同的距离之内覆盖整个 6 亿人口及市场。这个想法真,不错,不是吗?

在现在这个时代,真正能够注意到全球化的趋势并且依照这样的趋势来重新设计构架的企业凤毛麟角。

然而像这样覆盖全世界的革命却在现实中实实在在地发生着。如果只是看报纸,无论什么时候都会看到有贸易战争爆发的消息,然而事实并非如此。如果不能认清企业真正发展的机会在哪里,不明白究竟应该与谁结成同盟、与谁进行竞争的话是绝对不行的。

就算是有着完全相同利益的双方也可能存在着竞争,同时在另外一个领域里齐心协力合作。如果企业经营的战略不能具有这样的灵活性,是不能在全球化的浪潮中占得先机的。

以上就是以五项革命的形式论述的覆盖全世界的规模巨大的发展潮流。我希望各位读者对我所讲述的内容能有同感。

各位读者请在设计企业未来事业发展战略的时候,本着“从零开

始重新来过"的态度，并参考，我所说的内容，再对战略和计划进行
适当调整。假如各位能够以专家的态度探究以前遗漏的要点，我讲这
些内容的目的就已经达到了。

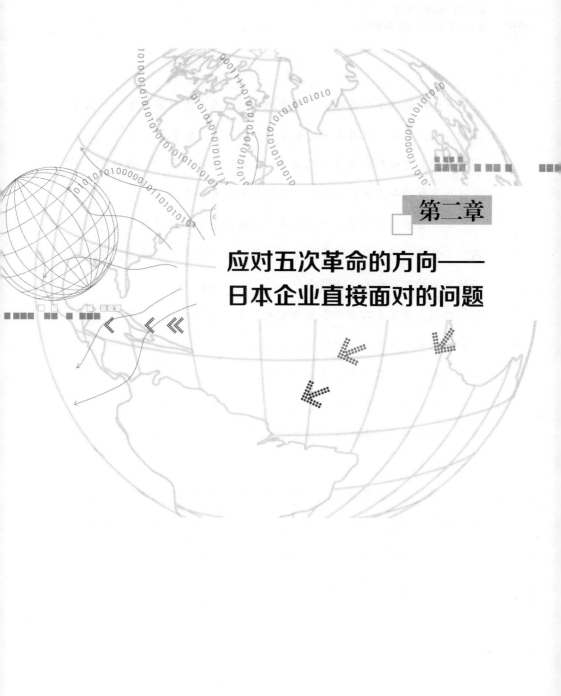

第二章

应对五次革命的方向——
日本企业直接面对的问题

前一章论述了企业所生存的环境中正在发生的五次革命——技术革命、生产革命、流通革命、业务革命和全球化革命。

这些变化的剧烈程度已经到了只能用"革命"来形容的程度。那么这些革命对企业的影响程度之大也就不言而喻了。

对于日本企业来说，已经有多次直接面对变革的经验了。特别是两次石油危机对于企业产生的根本性的巨大影响更甚于政治、经济方面的变革对企业所产生的影响。

当然，并不是只有日本企业受到了石油危机的影响，发达工业国家的企业都或多或少地受到了石油危机的拖累。由于应对不当，大部分受到影响的国家全都深受石油危机后遗症之苦。日本企业在那个时候采取措施缩减了营业规模，由于应对得当顺利地渡过了难关。这些年来，日本企业蓬勃发展，在全世界范围内不断扩展业务，日本的经济也比较景气。

既然取得了这些实际的成绩，那现在又为什么必须认真地思考如何应对正在进行的五次革命呢？在本章中，我将对这样的疑问做出回答，通过具体企业的事例，找出并分析这五次革命的共同点，同时也是对下一章及其后面所阐述的应对之策的提示。

一、变革的不连续性

嵌入钻石式手表的消失

今天，日本企业必须直接面对的问题是目前正经历的各项革命与企业在此前曾经历过的历次革命都有本质上的不同。换句话说，今天所发生的这些革命并不在过去曾经发生的革命的"延长线"上，它们具有明显的不连续性。

一个非常好的例子就是制表业。以前的手表可谓是荟萃了精密机械工业的精华才生产出来的。为了提高手表走时的准确性，不断挑战机械加工精密度的极限。同时，为了提高精密度，必须设法减少机械运转过程中的摩擦，还必须保证手表经久耐用，在手表中的某些关键轴上使用了钻石。于是在手表里使用了多少颗钻石就成了表示其精密度的一个指标。笔者的父亲有收藏手表的爱好，我至今都能回想起当他说某块手表里有多少颗钻石时的满足和喜悦的表情。

然而随着电子技术的进步，石英表在市场上逐渐崭露头角。石英表由于原理上的不同，其机械加工的精度和宝石的数量与手表走时的准确性之间毫无关系。因此，一直依靠机械加工而对生产石英表、电子表不感兴趣的瑞士制表业几乎遭受了灭顶之灾。

随着后来数字显示式手表的出现，手表无论是在设计、生产方法还是在成本方面与原来的模拟式手表相此都有了变化。结果是新出现的卡西欧在原来一直被精工和西铁城所牢牢占据的手表市场中确立了自己的地位。

后来这个趋势发展到了香港。到现在为止，在中国大陆生产经由香港出口到全世界的手表产品当中，日本企业可谓独占鳌头。溃不成军的瑞士手表则出现了两极分化的趋势，一方面向超高级的机械表方向发展，另一部分则活跃在价格低廉的低端表市场。发生如此天翻地覆的转变才用了不到 10 年的时间。

原来的资产变成今天的负担

以上所说的变革的"不连续性"还体现在原来被企业视为贵重物品的资产，开始变成毫无价值的无用之物。

举例来说，制表工业里的熟练工人和被视为照相机生产企业市场根基的照相机零售商一样，都曾经被视为是对企业具有极大价值的资产。然而在今天，正是这样曾经的资产却变成了阻碍企业变革的负担。

企业的经营者为了不使原有的资产变成毫无用处、多余的东西就尽可能地延续企业旧有体制。原来被视为企业资产的部门负责人往往对于企业的变革持反对意见。然而这样的部门在企业中往往拥有很大的影响力，于是在这样的企业里推行改革变得更加困难。

然而今天所发生的这种不连续的革命性的变革的特征之一就是如果企业应对失误的话，企业的运营状况可能急转直下，在某些情况下，影响的深刻程度甚至可以达到威胁企业生存的程度。这才是我想要强调的。

以最近发生的池贝铁工被并入津上系的案例来分析，我认为这个案例就非常有代表性。池贝铁工在工程机械领域是一家很有名望的企业。但是因为池贝铁工进入数字控制领域较晚，虽然煞费苦心地掌握了生产高精度产品的技术，但是企业的经营也陷入了困境。

进一步来说，这种变革的不连续性与新进入某一行业的竞争者之间有密切的关系。特别是当某一行业中已经存在的制造商对于新出现的技术采取保守的政策，不愿意以积极的态度去接受和采纳新技术的时候，新进入这个行业的竞争者以及行业中原来相对弱小的厂家往往会利用这样的时机，积极地采用新技术扩大生产和市场，规就子产品企业相对于欧美厂商来说，拥有压倒性的竞争优势并最终称霸市场就是一个典型的例子。

以具体企业为例，发那科公司的案例就很有代表性。全世界大量的电器和工程机械生产商都自主开发工程机械中使用的数字控制技术。发那科公司也是其中之一。

到今天发那科公司已经占据了全球 50% 的市场份额，没有其他有力的竞争者。发那科能够取得这样的成就当然要归功于其产品性能优异、品质精良，然而其卓有成效的销售方式在其中所起的重要作用当然也是不言而喻。纵观其成功的各个因素，其中最为主要的依然是其所采用的自动化的生产方式以及其所带来的低成本优势。

发那科公司实现自动化生产的结果是其人员开支占销售额的总比例在 5 年间从 20% 下降到区区 5%。发那科在降低产品成本方面能够做到如此登峰造极的地步，令其他的竞争对手望尘莫及也是理所当然的事情了。

然而今天发生的种种变革由于具有很强的不连续性，某一天会突然发生，等到落后的企业认识到这种变革的重要性之后再奋起直追，恐怕事态的发展已经到了无可逆转的地步。然而在应对这种情况的时候，企业往往被原有的限制所困，在很多情况下无法开展战略。

笔者在从事管理咨询工作的过程中遇到过很多案例经常会听到这样的话："虽然也想采用新技术，但是目前的系统是现有同类系统中顶尖的，对于那些目前尚未完全成熟，但以后有可能带来革命性影响的具有划时代意义的新技术，暂时因为无法做出重大的改变而不能采用。"

随着组织结构的不断僵硬，虽然理解其中道理的企业管理者不在少数，但是真正能够拿出行动来的人屈指可数。必须花大力气，从而下定决心行动起来。

二、变革的同时进行性

上述五次革命的第二个特征就是这些变革并不会单一地发生而是多项变革在同一时间内向同一家企业袭来。

前面所讲述的制表业的例子就很具有代表性。卡西欧通过电子手表的革命在市场中确立了自己的地位，在产品概念、必要的技术、生产方式乃至销售渠道方面全面导入了完全不同的方式。

以类似于生产台式电子计算机的方式大批量地生产手表的结果是，售价不到 2000 日元的电子手表已经不能再被视为高级的首饰，从而进一步导致销售渠道不必再依赖于以往的高级珠宝销售渠道，而类似台式计算机的文具销售渠道和类似友都八喜照相机的销售渠道似乎更适合于销售电子表。

像这样以技术方面的变革为起点的电子表产业并非仅仅是技术方面带来变革，而是逐步影响生产和流通等各个领域，同时在各个领域中掀起革命。结果是已经在业内存在的手表厂商在应对电子表引发的重新洗牌时，不能单纯地在某一个领域里做出反应而必须对手表及整个行业的未来状况重新进行认识，修正原有的战略。

目前已经存在的手表生产厂商推出了自己的第二个甚至是第三个手表品牌，从而以能够充分利用各种不同的渠道、以各种不同层面的产品面对不同层面的需求这样的方法暂时应对新加入行业竞争者的挑战。然而对于消费者来说，同一个公司生产的不同类型的产品，有的在高级珠宝店销售，有的则通过量贩店式的渠道进行销售，往往由于搞不清楚其中的原因而产生混淆。

企业在应对这样同时发生在各个领域里的变革时，如果仅在某一个领域或某一个局部采取措施应对，其结果往往适得其反而使管理陷入更加混乱的境地，还是有必要回归"零基础"的起点，在设计、生产、销售等各个方面尽可能详细地检讨企业的发展战略。

三、进入全新的领域

被称为"产业之本"的铁被 IC 所取代

前面是对传统产业中必须主动进行变革的论述。下面是企业进入全新的领域面对完全不同的挑战所做的思考。

无论是技术革命，还是流通革命，其结果都是促成全新的产业的飞速发展。与之相对的另一面是，原来就已经属于稳定成长的产业进入了成熟期，发展基本陷于停滞，这样的例子不在少数。

举例来说，很长时间以来一直流传一句话："铁是产业之本。"这句话的含义是钢铁行业既支撑起了日本的出口，同时也是日本经济发展的基础。

然而今天钢铁的地位正在逐渐地被 IC 所取代。如果以现在的数字做比较的话，IC 制品的产量还不到钢铁制品产量的 1/10。然而如果预测 1992 年，也就是 7 年之后的情况，就会发现到那个时候 IC 的产量将会达到钢铁产量的一半左右。事实上，IC 制品对于日本的产业来说其影响力正在逐渐增强（图 2-1）。

制造 IC 产品的公司正在成倍地增加他们对这个产业的投资。根据统计数字，1983 年一个公司对 IC 产业的投资额大约为 600 亿日元。到了 1984 年就已经增长到 1000 亿日元到 1200 亿日元不等的水平。今年具体能够增长到多少现在还不清楚。

在行业的高度成长期，钢铁厂商对设备的投资可谓一波未平，一波又起。钢铁厂竞相建造起巨大的高炉，凭借高生产率更加确立了日本钢铁业在世界上的领先地位，把更多的钢铁制品销售向全世界并以不断征服世界钢铁业的方式成长。而现在的 IC 生产商也正在以同样的方式发展。

在另一方面，成熟产业的厂商正在不择手段地要进入全新的产业，力图实现主力产业的转换。虽然从原材料生产行业转而进入 IC 制造的例子到目前为止还没有先例，但是进入 IC 产品的组装或者引线框架等周边产业的例子已经屡见不鲜。其他类似的例子还有重工业类的机械产品生产商转而制造机器人、食品生产商转而进入药品生产领域、化学产品生产商转而生产陶瓷制品等等。这都是成熟产业的厂商借着技术革新的浪潮进入快速成长产业的例子。

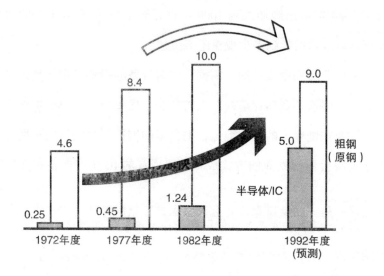

资料：电子市场概况（科学新闻社）

图 2-1　半导体 /IC 及粗钢的产量增长对比图（万亿日元）

成长中的市场是充满竞争的市场

企业现在要面对两个相互关联的问题。

第一，什么样的产业才是成长性高的产业这一点，对谁来说都是一目了然，所以很多企业都想进入这样的行业参与竞争。在市场高速成长的同时，新的参与者争先恐后地进入，结果是厂商的数量和市场的规模以同样的速度增长，对于参与其中的企业来说相当于市场的规模并没有扩大。

也就是说，当仔细看高速增长的产业时，很多企业觉得市场情况很好，于是进入了这个新的产业，但事实上自己能够占到的市场份额不会很简单地增加。这是个非常简单的道理，每个企业都有只考虑自己企业而忽略了其他企业的竞争能力的倾向。如果不是这样的话，真的无法理解为什么机器人制造业和计算机生产行业一下会有几百家企业加入竞争。然而在海外市场上，这样的现象远比在日本少。

坚守成功秘诀而成功的企业

第二个必须要面对的问题是，真正参与了竞争的企业又会变成什么样子呢？

现实的情况是，只有屈指可数的少数企业可以保持自己的市场份额而与市场共同成长。剩下的企业能占到的市场份额少得可怜，最终很难避免被淘汰的命运。这是一个很典型的行业发展模式。

这方面最明显的例子应该算是计算机产业了。真正能够在市场上确保高占有率的大概只有 NEC 和夏普这样少数几个企业，其他的厂商都只能勉勉强强地维持着经营，业务可谓所剩无几。

同样的情况也出现在机器人制造行业，除了松下、发那科、安川等少数几个实力超群的企业之外，也就只有在某一个特定领域里有优势的企业能够在行业的洗牌中幸存下来了。

如果对在竞争中获得成功的企业进行一个调查，就会发现只有忠实地坚守着本行业的"成功的关键"的企业才能在竞争中生存下来。就以机器人制造业为例，这个行业的"成功的关键"与其说是优异的产品质量，还不如说是如何满足各个用户对产品的具体需求更恰当。

于是成功的企业不是闭门造车地在自己的工厂里生产机器人，而是针对客户的需求，或涂装专用的机器人，或印刷专用的机器人也罢，想方设法地满足用户对产品的特别需要。为了生产出贴近充分满足用户需求的产品，企业让大量的工程师专门针对用户的需求进行开发。只有这样的企业才能在竞争中不断扩大销售额和市场份额。

与此相反，有很多厂商生产的机器人能够应用在很多场合，他们生产多种产品，在做经营计划的时候设想能够取得惊人的销售额，但对于客户的应用和销售网络投资又不足。这样的案例屡见不鲜。实际上，最终的结果是想要购买这样的产品的客户并没有出现。

高速成长又具有革命性的产业，往往具有独一无二的特点，如果以原有的模式在新的行业中运行，是无法获得成功的，这样的例子也是很多的。很多企业的经营者却对这样的事实很难理解，遗憾地在成长的机会面前只能吆喝几声而以失败告终。

四、应对变革的需要

前面对于今天的企业必须直接面对的五项变革及在应对这些变革时的困难进行了论述。

相信读者中有不少人都会不由自主地说一句"原来如此啊"。当然也一定会有人对照自己的经历和体验，认为以上所说的内容还有不够深刻的地方。在这部分将以那些曾被普遍认为属于"优良企业"的公司在从进入成熟期开始直到现在所发生的实际情况为基础，尝试着去思考企业究竟应该如何应对变革。

日本企业是否真的需要应对变革

对于日本企业来说，到目前为止已经平安度过了多次重大变革时期。每一次，日本企业都能凭借在经营上的巧妙操作很好地应对挑战，适应新的环境和状况并且乘势成长，直到今天成为世界上第二大经济繁荣的强国，所创造的经济奇迹被全世界讴歌和赞扬。回顾到目前为止日本企业对变革的应对，可以看出日本企业所采取的变革应对策略的端倪。

前人做出的充满勇气的决断曾经连载于《日本经济新闻》的《我的简历》一文，对于有志于把企业经营好的人是了解前辈曾走过的路的一个好机会。

这篇《我的简历》是丰田汽车的会长丰田英二先生所写。在这篇文章中，丰田英二先生披露了最初建立量产乘用车工厂时的波澜曲折。

在当时每个月的销售量只有2000台的情况下，他能够预见到未来而下定决心建立能够月生产5000台（建筑物能够容纳月生产1万台）的工厂。当时的日本仍然处在汽车大众化黎明前的黑暗之中，从每家每户都有两台汽车的今天回想起来真是恍如隔世，当时那个时代对于汽车工业的发展来说是个千载难逢的良机。

在那个时代，建设一家生产量是目前销售量2.5～5倍的工厂，真是一件非常需要勇气的事情啊。如果没有前人充满勇气和智慧的决断，当然也就不可能有后来日本汽车业的飞跃式的发展。

在那之后各个汽车生产厂商在竞争中各显其能提升产品的性能，不断充实车种的类型并且图谋扩大市场规模。最后的结果是日本的汽车厂商和美国的汽车厂商竞争全球龙头老大的地位，而日本的11家汽车生产企业也形成了共存共荣的局面，这样的局面在全世界的汽车行业可谓前所未见。

在仔细分析日本企业的繁荣时，包围在这些大企业周围对于汽车企业的繁荣起到支持作用的一众关联企业不该被忽视或忘记。

上述的汽车行业就是这方面的一个典型例子。对于汽车制造商来说，各种零部件的生产基本上完全依赖于专门的零部件生产商。事实上，日本汽车企业的销售额与附加价值的比率大约为20%，而这个比例比美国的汽车企业低将近20%。这一点就说明了日本的汽车企业对于外部的零部件生产商等关联企业的高度依存。

另外，在产品销售方面，大量的地区性销售公司都是借助当地资本建立起来的，自己公司建立起来的销售网络主要局限于东京等大都市。这可以被看成是企业在极速增长的阶段中充分利用社会上其他公司的人力、物力和财力，把自己有限的资源集中到新产品的开发和生产上来的一种表现。

类似的情况在电器行业以及机械行业等多个领域如出一辙。在企业高速成长的阶段，企业会通过利用关联企业和代理店的销售网络来弥补自身在企业经营资源方面的不足。

但欧美国家的政府及企业却把这些称为非关税贸易壁垒，这种说法真是非常可笑。然而在今天不得不对"直接销售"和"拜访销售"的价值重新进行评估时，原有的销售渠道中不合理的一面就凸显了出来。现实逼迫着各个企业不得不拿出新的对策。在企业成长的过程中出现这样的事情也不难想象吧。

在那之后，由于石油危机的爆发给日本经济和日本企业的高速发展画上了句号，日本企业集体通过缩减经营规模来渡过难关。

到这里 TQC 思考方法的重要职责也就完成了。特别是通过全员参与来大幅度地节省能源，或者通过价值工程（Value Engineering）等手段来开发低成本的产品，以及通过生产过程实现自动化来彻底地提高生产效率，日本企业的种种经营手法在全世界范围内赢得了一片赞誉之声。

提高生产率焦点的变动

拥有如此辉煌历史的日本企业该如何通过变革来应对新的挑战呢？分析作者自身的经验或许能够有所启示。

多亏了日本式的企业经营方式在全世界开始流行，我们才能获得大量为欧美企业和团体讲演的机会以及被要求协助欧美企业提高生产率的机会。在这些活动当中，笔者前年曾获得过一次由美国汽车协会主办的针对汽车生产企业的自动化生产线开发以及对美国的汽车生产企业进行参观及指导的机会。我当时发现很多美国企业在研究发展方面的方向和日本企业竟然是完全相反的。

我看了一下研究的课题，大体上都是诸如如何将钻床的转速提高一倍，或者是，在一部机器停止的时候，如何使整条生产线不至于全部停下来而制造自动缓冲栈之类，也就是如何增加机器的运转时间以提高劳动生产率之类的研究。

与此恰恰相反，在日本的汽车制造产业当中，提高生产率的总体思想是减少时间浪费。

要想提高劳动生产率，基本上只有两个办法：一个办法就是提高机器的工作效率，为了生产出更多的产品就必须提高生产的速度；另一个办法就是尽量缩减机器不工作时在时间上的浪费，通过缩短时间的浪费来达到提高生产率的目的。

日本的汽车生产企业在劳动生产率方面与其他国家的企业相比可以称得上出类拔萃，究其原因就在于专注于缩减时间浪费。直到现在，无论是在哪里都被忽略掉的时间浪费恰恰是日本企业提高劳动生产率的着眼点，日本企业在其中下了大力气。这样做的结果——以钻床为例，机器的工作时间与时间浪费之间的关系确实证明日本企业对时间浪费的控制对于提高劳动生产率是有效的。至于提高工作时间内的生产效率，各个企业都已经下了很大的力气去做。大量欧美企业在高精度切削、高速切削等方面都已经有了非常先进成熟的技术。

欧美的先进企业数量很多，在推行了日本企业对于时间浪费管理的做法之后，今后提高劳动生产率的焦点问题就变成了缩短加工的时间和开发新的加工方法。如果真是这样的话，也就意味着日本企业将要面临更为严峻的挑战。

就像刚刚举出的这个例子所说明的一样，今后日本企业需要直面的挑战和所需要进行的变革就来自于一直以来被日本企业所忽视的地方。我们在应对这样的对我们来说"攻其不备"的革命时，如果不能夯实基础是绝不可能巧妙地应对并使企业渡过难关进一步前进的。

在更大的范围内讨论变革的需求

为了充分理解变革的必要性，下面通过发生在企业中的真实例子进行分析。为了强化这个例子的代表性，这个案例是以现实中数个企业为模型拼凑成的一个假想的企业。这样做的目的是通过对这个假想企业的分析来检讨发生在真实企业中的问题。

笼罩在优良企业的阴影之下

下面以 A 公司来称呼这个假想的研究对象。A 公司是一家典型的优良企业，在四五年前的时候还作为超优质企业的典型登上过管理类的杂志，无论是其成长性还是其收益性的表现都非常优异。

A 公司的产品线覆盖了从马达、减速器到小型锅炉的一系列产品。年销售额在 5 000 亿日元左右。

A 公司完全采用事业部制，全公司一共分为 8 个事业部。在过去，在各个不同的领域里和竞争对手进行竞争并一直占据着上风，主要的产品线一直占有 30%~40% 的市场份额，且不乏占据行业第一位的拳头产品。虽然也有一部分的业务的市场占有率比较低，但企业总体的竞争力非常强。

然而在最近几年中 A 公司的成长性及收益性中存在的问题却急速地凸显了出来。撇开过去几年中受到石油危机的影响而导致业绩下降之外，在过去两年之中公司的业务发展意外地出现了停滞。

不单是销售额无法继续上升，A 公司的纯利率在过去曾一直保持在相当高的水平，但最近这两年却逐渐地出现了下滑。这种情况很可能在今后一段时间内无法被扭转。究其原因，最明显的是销售额不再上升，企业仅靠目前现有的销售规模已经无法再抵消成本的上升，导致了销售额停滞同时利润率下降。

那一直以来资质优良的 A 公司为什么会陷入这样的困境中呢？下面详细地介绍一下 A 公司的背景。

错失了进入周边市场的良机

对 A 公司的特征进行了分析之后发现，最大的问题不是现有的业务无法再继续扩展而是公司内部长时间无法培育出新的部门和新的业务增长点。仔细分析一下目前公司正在参与的各个业务领域就不难发现，这些行业基本处于成熟期，市场的发展顶端，没有再继续扩大的空间了。在这样的行业内只能指望着保持住目前的市场份额，想要在目前的基础上进一步扩大市场份额已经基本上没有可能了。

在另一方面，目前市场的周边陆陆续续地出现了一些其他的新兴市场，在这些新兴市场当中不乏后来渐渐成为容量巨大的大市场。仍以马达的市场为例，所谓的标准马达的市场已经完全成熟。然而在此周边的变频马达和伺服马达，在今天却已经成长为规模巨大的市场。

用在模型中的马达得以发展，小型高性能马达在很多电子器械中得以应用。最初毫不起眼甚至被忽视的产品现在已经成为容量巨大的市场，这样的例子不在少数。市场规模的发展并不均衡，主力产品的地位也在不断地更迭之中。A 公司却对这样的市场变化熟视无睹，多次错失了进入新兴产品市场的机会。

短期指向型的弊病

仔细分析为什么会发生这样的情况，最重要的原因恐怕还是公司内部的氛围太强调短期指向。

如果对 A 公司研究和开发的对象及领域进行一下调查就会发现，研究和开发基本上都集中于现在已有大规模市场的产品上。A 公司管理层的苦衷是哪怕现在市场本身已经陷于停滞不再增长，但是如果不进一步地研究和开发的话，产品的竞争力就会下降。A 公司的管理层担心在现有的市场上被竞争对手超越。结果就是 A 公司针对已经成熟的产品在一些吹毛求疵的方向或者非常小的地方把所有研究和开发的力量全都耗尽了，比如稍微调整一下把手的位置或者把马达的效率再提高 0.5%。最终导致当市场不再扩大时，A 公司基本上没有开发出什么像样的新产品来。

在另一方面，业务人员认为自家公司的现有产品市场份额比较高，利润率也还不错，便把全部的注意力都集中在了向现有客户继续推销已有的产品上。

这也是理所当然的现象了。A 公司不断地给销售人员增加各种销售指标，给销售人员提出的都是类似于"请把销售额做到多少多少"，或者是"请把利润率做到多少多少"的要求。然而究竟通过销售哪些产品来达到这样的目标却没有任何限制。于是销售人员只愿意去卖那些容易销售、利润率相对更高的产品（顾客基本上都是老主顾了），所有的销售力量便全部都集中在了这些产品上。结果就是既没有在市场上努力推销新产品，也没有开发出新的客户来。

进一步而言，在公司内部对于各个事业部来说，虽然拼尽全力地使得公司的销售额不断上升，但是所有的利润都被总公司把持。如果要冒险开展新的业务，对于事业部来说很容易就会出现赤字。于是各个事业部也没有推行新的业务方向的动力。

结果就是 A 公司完全忽视了市场的变化，对在大市场的周边兴起的成长性高的市场完全视而不见，坐等这些新兴市场变成其他小型专业生产商的舞台。这样就形成了大的厂商困守于原有的成熟市场，等到市场完全成熟并进入萎缩阶段时也随市场一起衰退的情况。

图 2-2 是 A 公司所参与的市场份额及规模。纵轴是市场份额。横轴则是市场整体的规模。从图中可以看出，在规模大的市场当中，A 公司基本上都占有比较大的份额，然而在相对规模比较小的市场中 A 公司的市场份额则很低。当然也有极少数几个例外的地方。但即使在这几个例外当中，随着市场规模的扩大，A 公司的市场占有率也同样急速下降。归根到底，整个公司的发展导向就是使原来开发出的成熟产品在原有的领域里保持最高的市场占有率，然而代价却是对新兴市场的忽视。

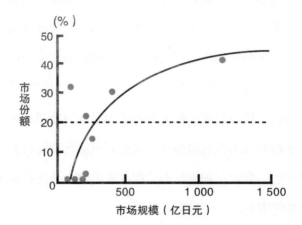

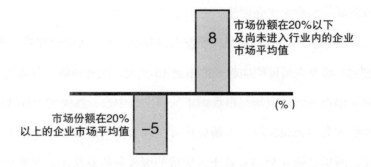

图 2-2　A 公司的市场份额及市场规模

如果从市场成长率的角度来看，市场的容量占到总体市场20%以下的是发展中市场，最初规模很小也是理所当然的事情。然而在另一方面，这样的市场通常成长性好。大市场则已经发展成熟，没有空间再进一步扩大了，一部分还出现了负增长。综合考虑公司在各个市场的表现才能得到最终的市场增长情况。整体看来，公司还是处于负增长的状态下。

如果要问在规模小但成长性高的市场中是哪些公司在参与竞争，基本上都是所谓愿意承担风险的合资企业和专业化程度高的厂商。从产品的角度来看，专业化程度高的厂商所推出的产品最适合小规模但高成长性市场的需要。

当大型厂商在某一个时刻醒悟过来，恍然大悟地说"啊，那么就进入这个市场吧"的时候，专业化程度高的厂商在这样的市场中的地位已经相当稳固。就算是大厂商也没法轻易地把市场份额从这些专业化程度高的厂商手中夺回来。

A公司是个大公司，但是在研发人员方面与小公司相比却处于劣势。小公司的研发人员可能加起来都不到10个人，但是却敢于将这些人力资源全部投入到适应新兴市场需求的研发当中去。然而对于像A公司这样的大公司来说，新兴市场只是A公司要面对的很多个市场之中的一个。所以虽然A公司有几十人组成的庞大的研发队伍，但是其中只有两个人在开发适合某个新兴的细分市场的产品。结果是单纯从产品方面来讲，A公司这样的大厂商的产品也无法与小厂商的产品相抗衡。

就这样，A 公司为了保持当前的销售额，将经营目标变为短期指向，对于经营方针来说，有着深远的影响。从重视事业部收益的政策角度来看这好像是理所当然的事，但是长期来讲也体现了经营方面不同的愿景之间的矛盾。企业也很难培养出具备长期发展视野，能够专注于目前业务量虽然小但是在未来可能会成长为市场空间巨大的业务方向并有这方面成功经验的经理人。

死板僵硬的管理

第二就是无论最高管理层如何命令去进入新的市场领域，在实际的工作现场却很难执行下去。

举例来说，在锅炉业务发展的同时，燃气炉业务悄然出现了。锅炉业务是将最终的产品直接交付给客户，而燃气炉的销售则是面向OEM 生产商，这一点差异造成了这两项业务的诸多不同。

各种各样的问题随处可见。比如根据这个公司的管理体制在计算各个部门的利润时，首先要扣掉该部门应该负担的总部费用。然而在OEM 的经营体制下，如果需求疲软而导致价格下降的话，在扣除应负担的总部费用之前就已经出现了赤字。

在这样的情况下，工厂的生产能力难以得到充分的利用。为了充分利用工厂的生产能力，只能以边际利润为基础定价获得订单。然而A 公司又是以事业部为基础计算部门对公司整体营业利润的贡献，以边际利润获取订单的部门在这样的体制下在公司内部获评很低。最终不仅对全公司有害，而且工厂的生产能力也只能闲置。OEM 业务很难得以发展。

从另一方面讲，专业化程度高的中小厂商根本不需要一个庞大的总部，这样固定费用就会很小，负担起来也很容易。这样从竞争的角度讲，同样的一个业务，A 公司来做可能就会出现赤字，而专业化程度高的小公司来做却能产生利润。

再有一个问题就是决策机制的不同。

对于像 A 公司这样的大公司来说，燃气炉这样的业务实在是一块很小的业务。到底要不要认真地进军这块业务呢？真的很难做出决策。与此形成鲜明对照的是那些相对较小的、专业化程度高的厂商则没有这样的烦恼。在这样的厂商中，管理层对于涉及公司未来发展方向的事项拥有非常强的话语权。一旦下定决心进入这块业务马上就会对这块业务进行投资，不会因为暂时的销售额还不大就犹豫不决。投资建立起大规模的工厂，这样成本就会下降。成本下降进一步导致市场份额的上升，于是工厂的工作量排得满满的，便再进一步扩大工厂的规模。

这与 A 公司的情况恰恰相反。A 公司的工厂还固守着原来的旧产品，生产的面向蓬勃发展的新兴市场的产品，不但成本高，在价格方面也没有竞争力。

结果就是新出现的专业化程度高的中小厂商的竞争力得以蓬勃发展，与之完全相反的 A 公司却还戴着手铐和脚镣，基本无法开展新业务。

通过划分市场分部来对市场进行管理的危害

第三个问题就是随着电气化和自动化的不断推行，优秀部门和进展迟缓的落后部门之间的差异越来越明显。

从公司的整体来看，先进企业和保守落后的企业之间的差距也变得越来越明显了。

在先进的事业部（比如自动化）相关的项目一个接一个地展开，负责人每天都在忙着提高自己部门的效率。无论自己的公司已经先进到了什么程度，都必定有比自己公司更为先进和进步的公司。这样部门的管理者每天忙到很难抽出空来帮助公司内其他的部门。

对于那些行动迟缓的部门来说，如果把先进部门的东西原封不动地搬过来，肯定有些地方跟自己部门不相匹配，当然是自己从零开始干最好。结果是什么都没有干。对于 A 公司来说，各个事业部之间的资质差距越来越大，研究和开发出现了很多重复的现象，导致研发的效率低下、进展迟缓。在产业界占据领导地位的公司的生产技术研发部门和电子部门（零件、子系统）早已完成了以利润中心为管理单位的"利润中心化"，激发了部门的活力。

综合的、根本性的改革成为一种必然

对以上案例进行分析的结果进行总结，就会得出以下结论。

A 公司由于在销售额和利润方面陷于困境，公司内部进行了大量的讨论，也产生了探索新的成长机会的意愿。结果是希望进入以机器人产业为代表的新产业的观点开始占据舆论的上风。

然而事实上，对于 A 公司来说，抓住发展的机会却并不那么容易。就算是进军现有业务的周边市场并且精耕细作，也无法让业务本身发展到一定的规模。也就是说，成长的关键根本不是"干什么"而是"怎么干"。

进一步而言，如果在讨论"怎么干"的时候只是在公司内部进行讨论，由于大家各自都有所属的部门，最终只能得到诸如"费用太高了""销售人员不够"之类的结论。每个人在参与讨论时的出发点并非总是单纯的。公司人员自己所处的部门利益决定了他们对于新业务的态度，或者说体制本身的问题才是潜藏于公司内部的深层次问题。

这样的问题可不是把公司划分成一个一个独立的部门，再一个部门一个部门地解决就能处理的，如果不把公司整体当成一个对象一次性地彻底解决，这样的制度上的问题是无法被根除的。所以当公司真的要解决这样的问题时，最高管理层的视野以及他们对时机的把控是一个严峻的考验，或者说这是对领导层领导能力的考验。

以上所说的这些问题其实正是今天大量公司正在面对的问题。也就是说，关于成长和革新的课题是涉及公司发展基础的根本性的大问题。如果不能意识到这个问题的重要意义，当然也就无法正确地做出应对了。再进一步来说，如果不能综合地考虑公司内部的各个要素，改革和革新本身也无法取得理想的效果。在下一章中将要详细地介绍一些这方面的具体内容。

（千種忠昭）

第三章

变革期的产品开发及市场导入方法——
　如何应对产品生命周期缩短的趋势

本章中，主要针对企业变革的种种需要，特别是技术、生产方面的商业系统该如何变革做了思考。

一、重新审视技术进步这一变革最主要的原因

能否获得新技术是企业面临的最大问题

想必各位读者都有这样的经验，当一个企业或者公司在探讨其存在的理想状态或者是将来的愿景时，动不动就会提到公司所拥有的新技术究竟属于什么种类、与 INS 相关联的新技术是如何培育的之类的话题。讨论的内容往往很容易就集中到这样的问题上。

实际上，无论是过去还是现在，从公司的成立到公司的变革的原动力都是技术的发展和进步。历史事实已经证明，明治新政府所采取的旨在给日本带来巨大变革而大量雇佣外国人并从西洋引进先进技术的措施的确发挥了巨大的效果。

然而我们都已经认识到获得新技术是企业变革的第一步，但无法获得新技术是否是妨碍企业变革和发展的最大障碍呢？

从我的观察来看，大部分企业对于能否获得新技术都非常关心，甚至管理层花费了大量的时间和精力来解决这个问题。然而如果对那些无论如何也无法推进变革的企业进行调查，或者说对整个产业界进行分析的话，就不难发现欠缺新技术在很多场合下并非阻碍企业变革和发展的最主要的原因，这样的例子不在少数。

作为本文的作者，我每天在乘坐从横滨到东京的电车上会阅读两类报纸。其中的一种是一般的经济新闻，另一种则是产业和工业新闻。

在这几年中，在电车上的30分钟里无法读完报纸的情况越来越多了。特别是不同产业的企业不断地发布划时代的新产品以及企业之间的相互合作的新闻越来越多。要想全部读完这些内容并且正确地理解这些信息，越来越花费大量的时间。与以往不同的是，现在如果只读一遍的话，很难充分地理解这些报道的内容或者这些划时代产品的巨大的意义，于是时间越来越不够用，经常需要花费额外的时间来完成阅读并充分吸收这些信息。

这样的新业务、新产品以及新技术的扩展，信息量之大是压倒性的，给人的感觉恰似新的产业革命正在如火如荼地进行。在这样的情况下，笔者感到有些焦虑，担心自己跟不上时代的潮流，有如此感觉的人不会只有笔者一个人吧。每当看到其他公司的新产品发布的新闻便暗自感叹自己公司的行动太过于迟缓，管理者有这样的想法说明企业真正的变革还未开始。如果仅限于从表面上对这些新闻进行获取而不能真正理解这些信息的本质的话，企业是无法找到正确的方法应对变革的。

技术是属于人的

到底是哪些新闻让我们感到大吃一惊呢？

举例来说，"A公司完成了1MB电脑内存的样品""B公司成功地用陶瓷制成了发动机的零部件""C公司开发完了自动翻译系统"；"D公司和美国的X公司签署了技术合作协议，开始导入生物医学新产品"等，这样的新闻真是数也数不清。

类似这样的新闻中涉及的新产品和新业务等大部分都涉及极端难以理解且范围广泛的新技术。所以在阅读这样的新闻时，我常常会生出如果不努力追赶就会被时代所抛弃的不安。

非常有趣的是，公司的经营者也有着相同的焦虑和不安。我屡屡看到公司的董事或高管把类似的新闻从报纸上剪下来，在上面写上我们公司会怎么样，然后把这样的剪报送给下属。类似的情况我亲看见过好多次。

我的感觉是，在最近的数年中类似这样对新技术的发展非常重视的趋势正在变得越来越明显。直到五六年以前，报纸上对于那些基于一个新的想法而最终开发完成的新产品的故事一直推崇备至。在这个方面，比如三菱电机开发的暖被干燥机一经推出就成为最受欢迎的产品，以至于当时很多担任产品开发的人每天绞尽脑汁想新点子。然而到了今天，比一个好的点子更加重要的已经变成了是否能用技术来把点子变成现实，在这其中技术就显得格外重要。技术的先进性的竞争正在逐渐变成企业间的竞争最本质的问题。

　　然而前文提到的报纸上的新闻报道，如果只是从表面去解读，大概就是在某一个新的领域里开发出了一款具有划时代意义的新产品。这就很容易让企业的经营者把新技术的开发跟企业的发展直接地联系起来。然而一款新产品开发成功是集很多领域里的新技术之大成，这些技术所涉及的领域非常广泛。

　　举例来说，如果想要自己动手开发 IC 产品的话，所需要的技术就涵盖了子电路的设计到半导体的物理性质的控制技术、为了达成这样的目的的各种各样的生产方面的新技术、确保产品质量可靠性所需要的新技术等等。所涉及的技术数量极多而且涵盖的范围非常广泛。如果不能解决所有这些方面的技术问题的话，也就无法凭借自己的力量制造出 IC 产品。

　　这些技术非常深奥，绝非一朝一夕的努力能够掌握。我认为要想在这些领域里取得技术方面的突破，非那些在专门领域里长期耕耘、拥有雄厚技术实力的大公司不可。

　　在日本真正有能力生产 IC 产品的也就限于 NEC、日立等极少数的几个大企业。然而如果看看和这些企业有合作关系的美国企业，就会发现，有一些却是规模极小的厂商。其中有些小企业其实只是集合了很少数的几个技术人员，在一间简陋的小屋子里开始运作的中小企业。其中不乏还没有确立起一定数量的销售额，仅仅依靠出售技术来获取资本的企业。1984 年，在销售额达到上百亿日元的美国企业中，还有依靠在爱德华州种植土豆的农家出资获得最初资本的科技型企业。

这样的企业之所以能够参与全新的产业之中，其架构是这样的。

哪怕最先进的技术也是属于人的，这一点毋庸置疑。想要加入新领域的顶级工程师们聚集到一起，涉及周边技术的部分委托给其他企业完成，所需要的器械都从外面采购，就这样通过外包的方式开始生产最先进的产品。

当然刚才所举的 IC 产品的例子是发生在人员流动相对比较自由的美国。然而今天在日本类似的现象也有发生。

比如说，原来只是轴承生产商的美蓓亚，参与到了 IC 产品的产业当中，冷不防地生产并且发布了技术难度最高的内存产品。如果从这个例子看技术发展潮流的话，IC 厂商中的大企业从董事开始就在行业内聚集大量人才，在技术方面获得了最基本的保障。另外，也可以看出企业打算通过和外国厂商进行技术合作而获得先进的技术从而与 IC 厂商中的翘楚相抗衡的意愿。

IC 产品以外的领域也是一样，比如说三菱矿业公司开始参与水泥行业和陶瓷行业的竞争。其过程也是从其他公司物色顶尖人才组成核心团队开始，进入能够应用这些人的专业技术的市场当中。

在美国也出现了这样的一种趋势，就是从大企业当中独立出来的少数几个人开始重新创办新的高风险创业企业，参与到电子、生物技术、陶瓷等高新技术领域中，并在这些领域中取得了令人瞩目的成就。在这些企业当中也涌现出了像京瓷那样销售额超过 1,000 亿日元的大企业，这些初创企业虽然成立的时间较短，但是与行业巨头相比在很多方面毫不逊色。

重新审视手中掌握的技术

如果说进入一个新的行业就是变革的第一步，那么掌握先进技术在这个过程里显然是不可或缺的重要因素。然而如果考量一下前述这些公司所处的状态，对于技术本身以及与此相关联的其他技术等没有必要全部自己掌握，对于公司未来发展的方向也没有必要被目前公司所拥有的技术所局限，难道不是吗？也就是说，没有必要局限于必须通过本公司自身的开发来获得新技术，或者是通过和其他企业的技术合作来获得新技术这样固有的观念，但有必要对全新的获取技术的方式进行考量。

对今天的大多数企业来说，都没有获得推进企业变革的新技术的实力，或者说即使有一些新技术也还达不到能够推动企业变革的程度，特别是对那些大规模且长期处于不景气状态的企业来说，更是如此。

然而以笔者自身的经验来看，如果对已经拥有的技术进行重新整理，能够促成结构性调整的新技术其实并不在少数。以钢铁企业为例，有相当多的钢铁企业都拥有大量在炉温控制方面或者是压延厚度控制方面非常出色的系统工程师队伍。如果能和那些重型机械厂商拥有的油压控制等方面的基础技术相结合的话，就有可能将这些技术重新整合并且应用到汽车、电子、能源等成长中的产业当中去而成为非常有价值的应用技术。

通过对这些事实的考量和反思，是否拥有新技术对于企业来说当然是一个非常重要的问题。但是迈出的第一步应该是考量技术能够在多么大的市场中得以应用，以及是否已经有了能够正确理解和看待技术的"眼力"。在这个基础上，对于已经拥有的技术要想在更大的领域里得以应用，需要对现有技术做出哪些补充和发展以便进入什么样的新行业、新领域，才是衡量一个企业的经营者经营思维是否完善的标准。

里卡公司和兄弟公司的发展

最近的一则大新闻就是缝纫机行业界的翘楚里卡公司倒闭了。大量的报纸和经济新闻杂志都对里卡公司的倒闭做了非常详尽的报道和分析。根据这些报道，里卡公司倒闭的主要原因是缝纫机市场已经日渐趋于饱和，而里卡公司却在倒闭前的很长一段时间里都没有能够摆脱对缝纫机业务的依赖。进一步而言就是里卡公司虽然尝试着向包括酒店业等多个行业进行多元化发展，但都发展得不顺利，而公司长时间处于负债经营的状态，最终才导致了像里卡公司这样的行业巨头轰然倒地的结果。

与里卡公司形成鲜明对照的是，曾经与里卡公司同列为缝纫机行业前三甲的兄弟公司在今年（昭和六十年，即 1985 年）无论是销售额还是利润都取得了非常好的业绩上升。究其原因就是兄弟公司以打字机为核心的办公机械业务部得到了长足的发展，即使是去掉传统的缝纫机业务，兄弟公司今年依然取得了令人瞩目的成就。

这两家公司原来同为缝纫机行业界的巨头，然而今天其中一家公司的发展可谓春风得意，而另一家公司却已日渐衰落。究竟是什么原因导致了这样的结果呢？

对于这样的对比，业界已经有了从各种不同的视角进行的多种多样的分析。大概以下两个版本的故事非常具有代表性。

缝纫机制造业基本上属于小型精密加工机器行业和机械加工行业相互交叉重合的行业。随着电子技术的发展，电子控制等先进技术开始渗透到缝纫机制造业当中。这也是典型的机械行业发展路径。

兄弟公司最开始也同样是进入了低价格的便携式打字机行业并借此逐步扩大了自身的业务，再后来随着缝纫机的电子化，兄弟公司也开始把电子技术应用到打字机领域当中去，之后又开始逐步向着办公机械领域发展，通过逐步扩大自身在办公机械领域里的市场同时逐渐淡化缝纫机业务，而从而实现了主营业务的转换。从缝纫机到办公机械两者之间看似有很大的距离，但从所应用的技术的角度去看，其实差距并不太大。如此说来，如果当初里卡公司也想进入办公机械领域的话，其实也是可能的。但是当初的里卡公司经营者却并没有这样的意愿。

或许和前文的内容有些重复，但是本书作者并没有针对技术无用论进行论述。与此相反，笔者认为技术是企业为了达到实现变革这一目的所必须拥有的第一重要条件。

然而如果从经营者的视角去考虑的话，拥有技术对于企业的变革和革新来说其实不过是最低条件。从产品的研发、生产直到产品的销售，还有许许多多非满足不可的重要条件。

最典型的例子就是机器人、计算机和办公计算机等市场领域。在这些领域里已经有超过 300 家企业在运营。市场的状况可谓非常拥挤和混乱，因此真正能够在这些领域里把自身的业务扩大的企业凤毛麟角。

图 3-1 是办公计算机的市场规模和在这个行业中运营的企业数量，以每年为一个点所绘制的点状图。虚线所表示的是平均下来该行业内一个企业的市场规模。从这个图中可以清晰地看出，虽然市场本身看上去是一个高速成长的市场，但是如果看平均每一个企业的市场规模的话，绝对算不上是一个高速成长的市场。更何况在这个市场当中还有诸如三菱、NEC、富士通和东芝等超大型公司，光是这些企业就已经占据了整个市场一半以上的市场份额，所以其他的大量中小企业只能落得瓜分剩余市场份额的境地，如果说仅仅是在勉强维持现状也不为过。

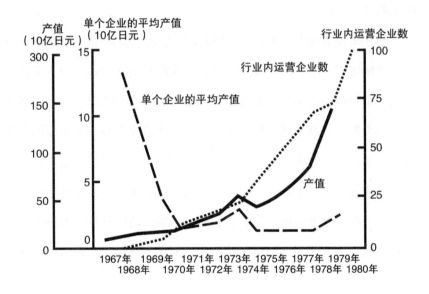

资料来源：机械统计年报

图 3-1　办公计算机的生产及行业内运营企业的演变

事实上，大量的办公计算机以及计算机领域里运营的企业的销售额都在从几亿日元到几十亿日元这样的一个范围内。然而这些企业的管理者却认为企业处在高速发展的成长型市场当中，便为了不断扩大业务而拼命努力。少数寡头型企业独占市场的状态并没有那么容易就会崩溃，如果市场本身保持现状，就很难看到成功的希望。这种市场形势对于企业走向变革并没有什么帮助。

那么这样的情况又是如何发生的呢？

从技术的层面上对办公计算机进行分析。

办公计算机的组成包括负责演算的芯片以及周边的电路、读写装置、打印机、外部记忆装置以及驱动计算机的操作系统，实际运行的应用程序以及编写程序的计算机语言等。

这些组件基本上都是从外部购买的已经做好的产成品，买不到的组件几乎没有。于是办公计算机厂商能够体现技术优势的地方就只剩下如何把这些外购的零部件通过某一个架构组合起来。在这样的市场中已经有超过 100 家企业在运营，与其说大家是在比拼技术实力，倒不如说决定胜败的是应用程序、销售网络和售后支持的能力更为恰当。

通过以上例子可以看出，在高技术产业中运营的企业仅仅拥有技术不足以成功，还需要很多不可或缺的其他因素，我希望各位读者已经能够充分理解这一观点了。

二、竞争的新机制

全产业界开展业务速度的加快

从现在开始，我将对除了技术之外企业必须满足的一些条件进行详细的介绍。

五次革命特别是技术革命、生产革命触发了一大批新业务的开展。新技术的不断产生以及新技术之间的相互组合、相互作用导致企业进入并展开一项新业务的速度明显加快。

各位读者是否曾经有这样的经验呢，最近这些年大家经常用到的一些电器产品，在买了之后没有多久，随着新的产品的发布就会在性能上变得陈旧和落后？想必每个人都曾经为此感到苦恼吧？

这样的现象并不仅限于电器产品和汽车行业，同时也涵盖了包括日用品、银行、金融甚至配送服务等行业内的我们生活的许多方面。

当然不仅限于消费品行业，全产业界都在扩大业务的范围和内容。

如果读者经常去参加在晴海的产业展的话，对这种情况为何发生便会一目了然了。下面以机床为例进行说明。

原来数控机床一直是展会上主要的话题。现在则逐渐变成了以机械为中心，同时机器人计划等也已经出现。几年前将各类机械组合起来的 FMS（Flexible Manufacturing System，复合自动化生产线）一直是大家关注的中心，然而最近却发展成了 CAD 和 CAM 技术与机床的结合。

这种变化最初发生得很慢，然而最近每年的展会主题都会发生很大的变化。整个业界的变化速度之快给人留下了深刻的印象。

随着这种变化的发生，用户思维方式的转化就变得越来越重要。30 年前的机床直到今天一直保持在可以使用的状态之下并不是什么值得骄傲的事情，在导入新产品的方面不落后于同行业的竞争对手才有机会在行业中生存下去。事实上，一部分先进机床生产厂家已经把机床的折旧年限设定在了 5 年以内，这样的事情已经逐渐地出现了。

新产品的寿命变短的趋势

如果想要理解这种情况出现背后的机制，就必须理解仿佛每天都在新发售的产品和新产品之间的关系，以及涵盖了"一代"新产品的产品世代之间的关系。

第一个必须要理解的要点是只有通过新产品的开发和市场导入这一过程才能实现产品性能的提升和成本的降低。对于现有的产品，无论怎么改良，产品性能的提升和成本的降低的幅度都是有限度的。所以要想实现这些目标，就必须从产品设计的根本上入手才能实现。

所以就发生了新产品的寿命变得极端短暂这样的事情。

举例来说，从 20 世纪 70 年代后期到 80 年代初的短短两到三年的时间里，音响产品的新产品发售间隔便从原来的大约两年缩短到了大约 6 个月。

为什么说发售的间隔缩短到了只有 6 个月的时间呢？这是因为最主要的音响产品展会的间隔就是 6 个月。与此同时，在办公机械领域里，比如说传真机的新品更新周期也从原来的大约两年缩短到了大约 6 个月。

在这个周期里产品的成本性能以很快的速度改善。依然以刚才的音响产品为例来说明，导入市场的时候的高级品在一到两年之后就会以普及品的形式出现在市场上。特别是最近正在流行的 CD 播放器，普及品的性能甚至比原来的高级品的性能还要好。

卡西欧风暴

这样的现象对于企业的影响程度之深是不可估量的。

暂且以 A 公司将远远优于竞争对手的产品导入市场为例进行说明。A 公司的竞争对手们紧紧盯着 A 公司的产品来进行新产品的研发。在很多情况下，在短短几个月之后竞争对手的产品就会上市，而竞争对手开发的新产品通常具有更高的成本性能。结果是 A 公司的产品在成本性能方面被打败，而产品也就以比预想要快的速度被淘汰。

如果是这样的话，A 公司想对产品进行小幅调整追赶竞争对手，就只能通过降低价格的方式来平衡产品在性能上的劣势，增强产品的市场竞争力。但是如果真的对产品降价，在产品的收益方面就会受到沉重打击，所以在下一代的新产品设计上就必须继续保持技术方面的优势，造成新产品应有的效果。如此循环往复，A 公司的产品开发战略就会随着不断地推出新产品来保持自身在市场竞争上的优势。

是哪个公司首先采取了这种独特的战略点燃了市场竞争的火焰？毫无疑问在这一点上有各种各样的意见，无法达成一致。当然也有人认为技术革命是自然而然地发生的。不管怎么样，的确有厂商明确地意识到了这种战略的意义并且采用这样的战略。这家公司就是生产厂商：卡西欧。

在过去的 15 年中，台式电子计算器的价格从每台 50 万日元逐渐下降到了每台大约 3000 日元。在这期间，也就是当的价格保持在每台大约 3 万日元的时候，卡西欧突然在市场上推出了每台售价仅有 1 万日元的产品。为了实现这一目标，卡西欧痛下决心彻底地对产品进行了降级，从原来的八位数表示缩减到六位数表示。同时生产规模从原来的每一批次 1.5 万台一下子提高到 10 万台左右，才实现了降低成本的目标。

卡西欧在推出这一款新产品时所采用的大胆的战略彻底打破了原有的"常识"。比如说为了减少成本而从八位数表示减少到六位数表示，这样就造成用户在使用时的不便，这样的产品用户能接受吗？更为重要的是，如果不能实现原来销售量的 5 倍以上的销售，整个产品的战略将会失败，如果真的卖不出去该怎么办呢？然而卡西欧的确克服了许许多多类似这样难以解决的问题。

正因为如此，业界把卡西欧的这一次大胆的战略形容为"卡西欧风暴"。从那以后的产业就开始了新产品不断进入市场的混战之中。新产品的价格出现大幅度的下降。有的新产品开始能够发出声音，有的新产品能够使用太阳能电池，以及轻薄型的出现等，各种各样令人耳目一新的新功能不断地被添加到新产品当中。

图 3-2 所表示的是在台式电子计算器市场当中，卡西欧和夏普在不同年份里通过类似这样的手段来逐步实现对市场份额垄断的过程。

一时之间诸如松下等大型电器生产商、办公机械厂商和精密仪器制造商等纷纷进入台式电子计算器产品的产业当中。卡西欧成功地点燃了台式电子计算器市场的战火。通过大胆的战略和快速的步伐，卡西欧虽然不是技术实力雄厚的大型厂商，但是依然在市场上稳稳站住了脚跟并且在其后的激烈竞争中和夏普一起幸存了下来。这个案例具有很高的参考价值，是此后我们要讨论的重点话题。

大企业在体制方面的弱点

这种以超前的速度将新产品导入市场的现象是最近才出现的，当然也是人为造成的。然而原来对于这个行业的经验越多就越难以采用这样的战略。特别是那些需要通过繁杂的组织结构才能推动业务进展的大型厂商，几乎不可能采取这样的战略。

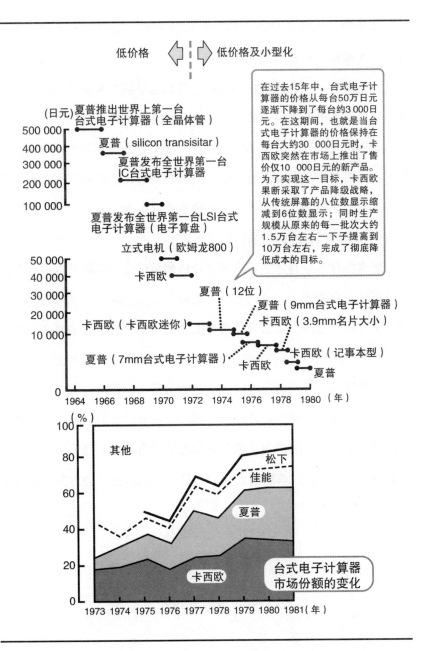

图 3-2　台式电子计算器市场

从典型的大厂商的新产品开发体制来看，大概会出现以下的情况：首先是销售人员收集市场信息，然后写成报告书。再由营业企划部整理这些报告书。然后把经过整理的信息呈送总公司的新产品企划部，最后许多类似的报告就堆放在企业领导者的桌子上。

就这样大概过了半年的时间，新产品企划才提交到上司那里。然后上司再对新产品企划进行修改，退回再修改，如此反复又花费了几周的时间。之后才由设计人员设计新的产品，大约又过了半年的时间才通知营业部门新产品企划已经初具雏形。

就这样好不容易才把新产品设计送到董事会，但是又以成本太高或者市场信息不明确等原因被退了回来。之后又花了半年的时间对新产品重新进行检讨。就这样从获取市场信息至此已经花了好几年的时间。然而产品生命周期很短，大概半年就终结了。通过这样的方式最终投放市场的产品在面市的时候就已经落后了，价格也相对比较贵。最后的结局是产品从上市开始就落到必须减价销售的窘境。在这样的循环里反反复复，还指望这项业务能够扭亏为盈吗？最后公司只好退出这项业务，不但以前所有的努力都白费，以后也不会再参与到这个行业的竞争当中了。

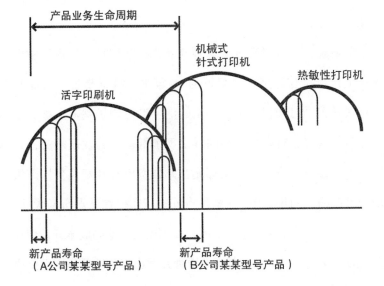

图 3-3　新产品寿命与产品业务生命周期之间的关系

产品寿命（业务）生命周期缩短的趋势

新产品的寿命越变越短，产品的成本效率快速提高所带来的另一个结果就是促进了市场的发展。其结果如图 3-3 所示，多代产品（多种型号）在市场上相互叠加，产品寿命（业务）的更新换代开始加速，产品整体生命周期开始变短。最能直截了当地说明这个现象的就是办公机械市场了。

举例来说，一直以来都是球型气筒式活字型打印机占据中低速打印机主流市场地位。然而在最近的 10 年中，特别是日本厂商开发出了点阵式紧凑型打印机之后，原来的活字型打印机基本上被驱逐出了市场。与此同时，打印机产品同样出现了低价化的发展趋势，市场逐渐地扩大，最近无论走到哪里都能在办公室里看到好几台打印机。特别是在最近的一两年之中，热敏性点阵式打印机在低端市场大展拳脚。

就像这样借助于新技术的发展，以比以往更低的成本开发出功能更为强大的产品变为了可能。基于新原理开发出来的这些新产品促进了产品的发展和业务的更替，类似这种现象并不仅仅局限于电子产品领域。特别是当新材料开发成功之后，有时会导致整个产品在概念上的变化。

例如在网球拍的产业里，随着新的材料的出现和应用，由新的材料制造而成的大网球拍可以实现原本以木头制作的网球拍所不能达到的功能。

同样的故事也发生在服务行业内，随着技术的进步和政府进一步放宽法规，陆陆续续地出现了划时代的产品。原来一说起有利可图的存款业务马上就会说起定期存款，但随着银行逐渐实现了"在线"化，"综合账户"变为了可能。

更有甚者，随着国债等各种各样的投资对象的逐步扩大，类似于中期国债基金之类的金融产品开始变得越来越流行。最近京都信金所推出的中期国债基金和信用卡支付相挂钩以实现资金的最有效利用被视为是到目前为止具有金融服务一体化意义的下世代金融产品先驱。这一产品的实现不单纯靠一个好的想法，还有银行账户的即时处理服务做后盾。

另外产品的生命周期变得越来越短，不同原理之间的技术以及技术标准和规格等不断地相互替代。

在家庭用的 VTR 市场当中，现在使用 1.2 厘米磁带的 Betamax 和 VHS 可谓两强并立。这样的产品标准在市场上出现还不到 10 年。但是随着 8 毫米 Video 的出现，1.2 厘米磁带越来越变成了过时的产品标准。这一进步的实现要归功于高密度记录磁带的开发成功、信号处理技术的发展、录制和播放设备的小型化以及低成本化设计等。

整饬销售网络成为当务之急

业务生命周期变短对于企业经营者提出的要求是：对于中长期的经营性判断必须做出改变。

随着新产品连续不断地出现，产品的性能的提高和成本的下降都在以非常快的速度推进。导致的结果就是用户对产品的接纳也在变得更快，这些都促进了市场的成熟化。其结果是用户对产品的期望不再仅限于厂商提供新的产品，同时也包括建立成熟的销售网络和服务网络。

具有这样特征的市场，不单是市场本身高速成熟化，同时也以更快的速度变成了寡头独占市场的状态。以个人计算机为例，个人计算机成为我们每个人每天的必需品可以说就是最近几年中发生的事情。然而今天的个人计算机市场过半的市场份额都被 NEC 所占据。究其原因，一是大量软件面向目前市场上现存的 NEC 品牌的计算机而定制开发，二是 NEC 独占的计算机销售网络——微型计算机商店，在全国全面地铺开。

机器人市场与此有异曲同工之妙，如果仔细分析一下目前在机器人市场中占有一席之地的厂商会发现，全部都是在销售网络上下过一番苦功夫的厂商。比如说：川崎重工通过大型代理商店的形式推动市场；安川电机则依靠自己创立的销售公司和服务公司来直接面向用户，使得中小用户也能方便地买到产品并且获得想要的服务。

在另一方面，大日机工作为一家大型风险合资企业正在逐渐成为机器人产业界的大公司。大日机工快速发展的秘诀则是把注意力转向了海外市场，和海外的多家强有力的厂商及 OEM 厂家签订了合作合同从而建立了合作关系。

销售网络是否强大决定了厂商在竞争中的地位，猛一看上去这一观点和前面所述的新产品的成本性能决定竞争地位理论相互矛盾。然而仔细分析起来却能发现其具有合理性。由于各个厂家对新产品都倾尽了全力，在新产品开发层面的竞争也变得越来越激烈，甚至形成了你追我赶的势头，一个不可避免的结果就是各个厂家所推出的新产品的"同质化"也会越来越严重。对于这样的产品，我们称其为"工程商品"。在产品之间差别越变越小的背景下，销售网络是否强大变成决定厂家市场占有率的重要因素就不足为奇了。

对于这样的产业界来说，快速地整饬销售网络，快速地确保自身的客户基础是非常重要的。等到市场完全出现并成形之后，再想要进入这样的市场就晚了。

再以个人计算机所使用的软盘驱动器为例进行分析。在软盘驱动器的市场上依次是8英寸、5英寸和3.5英寸的软盘在市场上开始流行。如果分析一下各个市场的厂家和其所占的市场份额，会发现在市场中占有主导地位的少数几个厂商占有70%以上的市场份额。比如说8英寸软盘驱动器的主要生产厂商是松下通工和日立等；5英寸软盘驱动器市场则大部分被 TEAC 和 YE 数据等公司所瓜分。

如果对这些在市场上占据主导地位的厂商进行分析的话，它们全部都是在第一年就进入了该市场领域的厂商，而其他数十家公司则只能在剩余的20%多的市场份额中苦苦挣扎，这些厂商中大部分都是在市场成型两年之后才开始进入市场参与竞争的。

非常值得玩味的一点是，最先进入市场的厂商却并不一定占有最高的市场份额。比如说一般认为最先进入5英寸软盘驱动器市场的是松下通工，然而该公司所占的市场份额只有10%。

通过技术的进步实现成本的降低

在先头厂商已经进入市场之后，有些企业同样可以凭借后发优势逐渐夺得市场上的主导地位，这样的例子不胜枚举。造成这一现象的原因有很多，但是其中比较重要的一个原因就是先进入市场的厂商过于迷信技术而缺乏对市场的灵活应对。

这样的厂商典型的发展路径是：最初凭借着新的技术而首先向市场中导入新的产品，之后随着大量厂商进入市场而遭遇非常激烈的竞争，最终逐渐在竞争中被淘汰。这也是企业的体制所决定的。

在最先凭借新的技术开发出新产品、新业务而后来却被其他公司夺去了市场主导地位的厂商当中，最具有代表性的例子就要算日语文字处理器市场中的东芝公司了。

东芝公司最先把日语文字处理器产品导入市场。在此后的两到三年当中，东芝公司凭借领先的技术逐渐实现了对市场的主导。

在那段时间，东芝公司采取了一种"不紧不慢"的步调来向市场导入新的产品，在削减成本方面也基本上没有取得什么实质性的进展。与此同时，富士通则以低于东芝公司同类产品的价格向市场导入了 OASIS 的商标的产品。之后凭借着 5 万日元一台的 MY OASIS 产品一举发力，在市场份额上超越了东芝公司成为市场的领导者。

值得深思的一点是，原来的富士通和东芝在管理风格上曾经高度相似。富士通的主力产品是大型计算机和通信机械。今天我们能在完全不同的产品领域里看到富士通的身影，可见富士通公司在调整产品方向上下了一番苦功。根据笔者听到的一些传闻，富士通的领导者是一个个性非常强同时具备了非凡领导能力的杰出领导者。在新产品线开发的过程中吸引到了大量优秀人才，才使得进入新产品领域的构想最终变成了现实。

始终关注新技术开发

随着产品的性能以非常快的速度改进，基于同一原理的新产品层出不穷。最终的结果是在市场上出现不久的新产品就被下一代的产品所取代。前面所举的打印机的例子已经充分说明了这一点。这就导致了在一代产品处于兴盛期甚至是成长期的时候，厂家就得为开发下一代产品做准备了。

然而这件事虽然说起来毫不费力，做起来可就很难了。这里所指的"难"是指要求开发人员在曾经投入了巨大力量开发的产品正在市场上风行的时候就对其进行否定并开发出新一代的产品。即使真的能够做到这一点，也需要在推动发售新产品的时候不对原有的，正在市场上风行的旧产品造成过大的冲击以避免市场份额的丢失。要达到这个目标，就必须准确地把握好各代不同的产品在市场上推出的节奏。因为新产品推出的节奏掌握得不好而失去市场领导地位的厂商不在少数。

仍然以前述的软盘驱动器的例子来说，开始的时候市场上最主流的产品是 8 英寸的软盘驱动器，后来随着磁性记录密度的不断提高以及机械精度的提高，5 英寸的软盘驱动器开始逐渐成为市场上的主流。而今天在技术层面上更进一步的 3.5 英寸软盘驱动器正在一步一步成为市场的主流。在这之间有 4 ~ 5 年的间隔期。当第一代产品在市场上流行的时候，市场的霸主是原来那些大型的机电产品生产商；当第二代产品成为市场主流的时候，市场的领导者变成了零部件的生产商；到了第三代产品成为市场主流时，以索尼为代表的家用电器生产商开始成为市场的领头羊。这样的例子在不同的产业界可谓数不胜数。从另一个角度来讲，这种现象对于新进入这个行业参与竞争的公司来说，也可以被看作是一种好的机会。

目前在市场上拥有并且保持了较高市场份额的企业，都是非常善于把握不同产品的代际交替的企业。

发那科公司的社长稻夜清右卫门在他所著的《黄色的机器人》一书中，对于发那科所擅长的数字控制领域里产品代际交替的种种问题和应对措施进行了详细的描述。当时发那科在市场上销售的产品在性能上存在问题，然而公司内部开发进展得并不顺利。于是他自己飞快地直接飞到了美国，与当地的厂商建立起合作关系并将合作开发出来的新产品推向了市场。书中还描写了当时代理商和客户对于新产品的种种抗拒情绪等。

到现在为止，向市场导入不同的数字控制系统，对于使用不同的数字控制系统的厂商来说，从设计的变更到使用手册的重新修订，都会引起相当大的混乱。然而如果不向市场导入新的产品的话，其他的公司就会获得取代发那科的机会。发那科的稻叶社长怀有深深的危机感，他同时他又是一个果敢的领导者，对于市场未来的发展在头脑中有明确的思考。

在产品的代际更替时会遇到困难是理所当然的事情，能够顺利地度过产品代际交替并且保持长盛不衰是非常困难的。特别是当代际更替是由于技术的发展所主导的时候。这种由于新技术的出现所带来的产品代际交替往往出现得比预想早一些。为了顺利地应对这种产品代际的更替，就必须时时刻刻把产品代际更替这件事放在头脑里，在日常公司内部各个部门之间经常进行讨论。磁性记录领域的领导厂商之一是 TDK 公司，据说 TDK 公司非常重视在内部日常的新产品研究及开发过程中否定原有产品的设计。TDK 公司的这一做法在业界传为美谈，也可以看出 TDK 公司对于产品代际交替的思想准备非常充分。

市场发展的三个阶段

图 3-4 是对市场上实际发生的各种真实的现象进行整理绘制而成的。这是发生在计算机部件领域里的真实例子。希望各位读者能够借助这张图理解各种产品（业务）的成熟度以及生命周期的发展过程。图中的横轴所表示的是各种计算机产品每年的出货量。而纵轴所表示的则是业内排名前三的三家企业所占的合计市场份额。

从图中可以看到，在某一种新产品（新业务）出现不久之后就会迅速进入寡头独占市场的局面。通常状态下，这种寡头独占的状态并不是某一家企业独占而是由两家企业占据市场。这个时期是新产品进入市场的"导入期"。

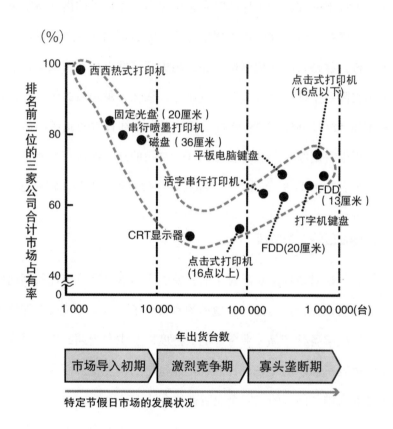

图 3-4　台式计算机的市场占有率 VS 出货量（1981 年）

随着市场变得比前一个阶段更加成熟，少数寡头独占市场的局面也开始土崩瓦解。这是随着市场开始逐渐成长，越来越多的厂商进入这一行业参与竞争所导致的。此时一到两家企业独占市场的状态无法维持下去。就如同前文所述，在这个阶段通常会有上百家甚至数百家企业参与竞争。因此这个阶段也被称为"竞合期"。

上百家甚至是数百家企业在一个拥挤的市场里展开激烈竞争的必然结果就是其中一部分企业被淘汰出局。结果就是少数几家厂商所占有的市场份额不断上升，少数这几家厂商逐渐在竞争中胜出，于是市场逐渐再次进入寡头垄断的状态。这时最终形成的少数几家企业并不一定是最先进入市场的那几家。有些企业能够充分地利用后发优势最终获得胜利，这样的例子并不罕见。随着市场再次进入寡头独占的状态，竞争也逐渐变得不那么激烈。价格不再快速下降，市场进入到相对比较平稳的状态，此时市场上剩余的少数几家厂商就非常容易地开始实现利润。

这种现象并不仅限于图中所示的行业里，在药品行业、食品行业、机械加工行业和建筑材料行业等产业中也可以看到类似的发展状况，然而在设备产业中类似的情况却比较少见。在流通行业之类的服务行业内，某些地域也可以看到类似的倾向。然而在现今与电子产品相关的产业中，能够在最短的时间之内观察到这种动向。比如说台式电子计算器行业已经完全进入了寡头垄断的阶段，然而日语文字处理器行业则处在竞合期，接下来就一定会出现部分厂商被淘汰的情况了吧。

在三个不同的阶段所需具备的竞争条件

作为本书的作者，我希望通过以上的描述，已经把产品竞争必经的三个阶段清楚地向各位读者做了讲解。

导入初期是新产品出现之后马上就会进入的第一个阶段，在这个阶段中参与市场竞争的厂商的数量很少，各个厂商在行业内所积累的经验也相对匮乏。由于这个原因，最先进入到行业内的厂商的优势地位还可以暂时维持一段时间。在这个阶段，市场份额的排序和进入市场的顺序基本一致。

一旦进入了竞合期，随着大量新的厂商进入这个行业，各个厂商之间在新产品的市场导入方面的混战就变得不可避免。在这个阶段，产品的成本会快速下降，同时，产品性能迅速提升。与此同时随着产品完成度的不断提高，用户的数量也在快速地增加。在此之后，销售和服务网络完善的企业才能实现销量快速增加，通过规模经济效益实现产品生产成本的大幅下降。此时那些没有能力顺应这一潮流实现产品销售量大幅提升的企业会因为无法控制成本及市场整体价格的下降而迅速出现亏损，最终从竞争中被淘汰出局。

在这个阶段，产品价格的下降速度相对于最初的产品价格来说可以达到每年下降 20% 的水平。从图 3-5 中可以看到办公用品的价格下降的速度。在新产品被导入市场之后的 5 年间，产品的价格也下降到了最初产品刚刚进入市场时的大约 20% 甚至 10% 的水平。

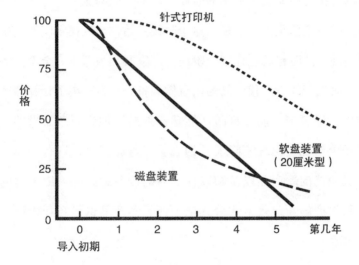

图 3-5　计算机周边外围设备价格的演变

虽然其他行业到目前为止尚未经历这样大幅快速的产品价格下降，但是对于那些打算在电子部件领域或者材料行业有所建树的企业来说，必须对这样的规律有充分的了解，否则就会遭遇到严重的挫折。

在此以后就会进入寡头独占的阶段，厂商之间出现非胜即败的严重两极分化。在这个阶段，产品成本的下降也将会达到一个临界点，在产品的价格已经无法再下降的时候，产品性能的竞争就开始成为各个厂商之间竞争的重点。于是从这个时候开始，与以往不同的竞争条件就会出现。同时也就是在这个阶段，厂家必须为基于完全不同的原理和技术而生产的下一代产品的出现做准备。在台式电子计算器的产品领域里，记事本功能和打印功能等被逐渐添加到新产品当中，产品的市场价格也会出现不降反升的态势。与此同时，具有一部分个人计算机功能的新产品以及和以往所有的产品相此都采用不同的原理设计和生产的新一代卡式台式电子计算器产品也已经开始进入了准备的阶段。

三、应对变革所需的经营资质

　　如上所述，先进的企业如果不能采取相应的部署来正确地面对变革，就无法在竞争中生存下去。我认为到目前为止"产品和业务的生命周期变短的趋势"已经比以往更加明显。随着这种趋势的加剧，也就相应地要求企业采取与以往完全不同的应对策略。下面就围绕企业为了应对变革所必须具备的资质这一话题展开讨论。

整体观

　　以笔者之见，企业要面对变革所必须具备的资质可以概括为整体观和发展速度。"速度"一词相对准确，但是在日语中确实不存在比"整体观"更为准确的表达方法了。具体而言就是，不能只针对企业的一个部分而是要针对包括生产、销售、技术等各个部分的全体机能，根据企业从过去到未来的发展方向，涵盖市场上所有的竞争对手的动向的整体的观念。如果硬要用日语来表达的话，我想大概也就是"整体观"这个词相对比较合适了吧。

今天，需要对企业发展的整体观做出特别强调的原因有两个。

作为企业的经营者来说，通常情况下都是以两年到五年为单位对企业中长期的未来进行判断的。对以往的行业来说，只要在这一期间之内不受类似石油危机这样的不可抗力的影响，业务的发展方向也就不会出现大的变更。处于成长期的业务会按照原来的轨迹继续成长，再进入成熟期等，所以预先确定好的战略都可以毫无阻碍地顺利执行下去。举例而言，对于造船业来说，从接到大型船只的订单到交货需要两年到三年的时间。对于土木工程类的行业，这个周期甚至可能长达 10 年甚至是 20 年。连接北海道和本州的青函隧道，随着时间的推移说不定到竣工的时候已经变成了完全没有用的东西也未可知。

像这样的产业，如果以 3 年或者 5 年为间隔实施不同的政策的话，恐怕是难以执行的。与此相反，对于那些变化速度非常快的产业，比如前文所述的软盘驱动器产业来说，5 年的时间从一个新产品的诞生到在市场上独领风骚，再到被新的产品取而代之的一个周期恐怕都已经走完了。类似这样的例子不在少数。

于是对于这些行业的经营者来说，从一项新的业务崛起开始，就有必要开始考虑这个产品在市场上称霸乃至考虑到这个产品被下一代的产品所取代的整个过程。像这样两种类型的经营，如果说前者是"静态的"，那么就可以"动态的"。也就是说，要有能力纵览整个产品（业务）的全部生命周期。

其次，如前文所述，由于竞争对手之间的激烈竞争才导致了产品价格的急剧下降。同时，正是新用户的不断出现才促使企业不断地完善销售和服务网络。因此，就要求公司有能力在很短的时间之内应对技术、设计、生产和销售等各个要素相互叠加产生的互相影响和突如其来的剧烈变化。

所以，原来采取的那种"一时一事"的经营方式，比如在一段时间之内只专注对于销售网络的建设，把大量的精力都注入销售网络的建立中去的办法在新的时代已经不再能够适应时代发展的要求了。在今后的时代，要求企业的经营者能够总览企业的各个方面要素并且有能力尽早地对企业未来的发展方向做出决断。所以对于生产、销售和技术等不能只限于单纯的表面理解而是要对其中的内涵有深刻的理解和认识，并且有能力通过运用这些理解和认识服务于企业的战略思考。因为以上的两个原因，企业的经营者有必要具备企业发展的"整体观"。

速度

进一步来说，"速度"并不仅仅是指新产品的开发速度快。其内涵还包括新产品的市场导入、上代产品的废止、价格政策、销售渠道的调整及变更以及这些因素相互作用的过程中决策的快速及政策执行的灵活等。

对于那些按照不同功能划分成一个一个"小组"的大型公司来说，

"速度"仅仅是其面临的最为苦恼的问题之一。特别是当这个大型组织之内的各个小组之间的关系不好的时候，各个小组之间的政策可能会变得很凌乱，相互之间缺乏协调，于是很难形成整体的观念。而且大凡那些强调在公司内部要形成"共识"的企业，都很难取得成功。像这样的公司在其内部的不同小组之间开会来决定策略的方式使得企业很难赶上竞争对手。

然而一部分企业设立了如"新产品委员会"一类"横断"整个组织的决策机构，成功的例子也是有的。

这个类型的组织能有效地完成企业的各项机能。最重要的一点在于这类委员会内部成员的权限和相互关系以及会议召开的频率。

如果仔细分析一下那些成功的例子，这类委员会内部的成员中包括了实际业务的最高责任人——很多时候都是各个部门的部长。企业也确实授权这样的委员会去做出重要的决策，这个委员会的决定事实上就等同于最终实施的决定。因此，各位委员相当于在一起讨论自己部门的决定，之后再由自己部门去执行。因此在执行上基本上没有什么障碍，而且决策落实的速度很快，一旦做出决策就可以立即执行。在委员会开会的频率就算没有一周召开一次，至少也是一个月召开两次。在今天像电子产品类的高技术产品行业，新的提议差不多每周都会出现，这样的开会频率也就是顺理成章的事情了。

与此相对也有一部分新产品委员会无法正常地完成其职能。根本原因是这样的新产品委员会的成员没有被赋予决策的权限。如果没有决策权限的话，各个部门的部长一级的领导能做的事情也就只能是整理汇总各项决定了。如果这个委员会的委员们在公司里的职位过高，那么他们决策的事情还需要对各个部门进行下达，这个传达决策的过程也是需要时间的。所以一些决策的微妙的地方就会产生变化，而使得决策出现差错并由此给企业带来损失。这样的委员会召开会议的频率从一年两次到最多一个月一次，在变化剧烈的行业之内，这样的会议频率是很难和竞争对手相匹敌的。

与组织相比还是人更加重要

然而相比之下，效率最高的方法还是把所有的权限都集中到一个特定的人的身上。

实际上，现今在各个不同的行业中占据领先地位的企业基本上都是由一个个性特别突出的领导者所带领的。比如说，在前文中多次介绍过的卡西欧公司的最高领导人就是樫尾社长和三个兄弟，堪称这方面的代表。其他的一些公司，比如京瓷公司的稻盛社长和日本电气的小林会长等都是各位读者耳熟能详的人物了。除此之外，在特定的业务中取得成功的企业里，大多是部长一级的人物具有很强的领导力的人。IBM 公司在短短的数年之中就在美国的个人计算机市场取得了很高的市场份额。在 IBM 公司负责个人计算机业务的 Don Estridge 就主管了产品的研发、生产和销售等各个环节。IBM 把如此重要的多项工作完全交由 Don Estridge 负责，而他也造就了 IBM 在个人计算机领域的成功，可以说是这个方面的典型例子。

然而对于今天不符合这些条件的企业，该做些什么？该怎么去做呢？

虽然说把权限集中到一个人的身上有时能提高决策的效率，但是也不是集中到谁身上都行的。对于这个人来说，具备的最低必要条件就是必须精通对象行业，对生产、销售、技术等各个领域都有深刻的理解。

同时这个人还必须负责做出各种决断，对于外部环境——包括竞争企业和用户的动向做出及时合理的应对。要做到这一点，不能充分地面向企业外部是不行的。沉默寡言、谨慎思考的类型还不如信念坚定，并能一直遵从自己的信念的类型更为合适。信念坚定且行动迅速，一旦发现错误能够立即修正的类型做这个岗位更加合适。

对于上述内容进行一下小结，在今天能够取得成功的企业当中，要想顺利地经历企业的种种变革，相对于整个企业来说还是某个人所起的作用更为重要。成功的企业是可以一步一步地建立起来，但是如果没有合适的人才的话，企业即使获得成功也是有限度的。

所以说，在应对新业务时首先要找到最合适实现企业发展目标的人才。如果在公司内部找不到合适的人才的话，从公司外部寻找也是可以的。近些年，人才在不同的企业之间流动越来越多，人才流动也不再是那么困难的事。然而很多时候都没有最理想的人才，在这样的情况下可以选择最接近理想人才的人，然后考虑与之相配合的组织管理形式不失为一条良策。比如说可以考虑缩小责任权限。关于这个问题，将在第五章中详细进行说明。

四、具体的应对方法

第一，积极地利用企业的外力

我打算在此针对新产品开发、市场导入及快速在市场上确认自身地位的具体方法进行阐述。

建议企业积极地利用企业外部的力量

随着产品开发速度变得越来越快，工厂必须在市场开始高速发展的同时迅速地扩大产量，同时还必须保证大量的销售和比较高的客户满意度。如果单纯依靠自己公司的力量想要完成这样的目标的话，企业经常会感觉力不从心，同时又会担心如果行动不够迅速就会被竞争对手所赶超。在这种情况下，如何充分地利用其他企业的资源就成为了关键性的问题。

即使是最先进的技术也可以直接买到

如前所述，如果一个企业想要进入高科技行业参与市场竞争，虽然并不一定非要是行业中的领头羊，但是如果在技术开发的层面上落后竞争对手超过一年，就会陷入非常不利的境地。因为这样的话依靠自己公司进行技术开发就实在来不及了。

即使是核心技术依靠其他公司提供，自己公司也有可能在市场上取得比较高的市场份额。比如说，普通纸复印机（PPC）市场上的顶尖厂商之一是理光公司。感光材料技术对于普通纸复印机来说，其重要性不亚于人的心脏。然而理光公司的感光材料技术却是从佳能公司直接导入的，在此基础上结合了自己公司的低成本生产能力和销售网络才成为了行业里的顶尖厂商之一。

激光打印机在现今计算机的高速输出装置中是最先进的。其原理是采用和PPC同样的感光鼓，利用激光对字和图像进行复印。

要想制造这样的设备，除了PPC中应用的技术之外还需要涉及激光、特殊的透镜、被称为"多面镜"的超精密工艺加工成的铝制镜子等极端特殊的技术。

然而这些技术如果分解成各个部件的话，是可以通过购买的形式直接获得的。如果能够充分地利用外部的力量，要想制造激光打印机也不是那么难的事情。真正困难的是，充分地保证产品的可靠性和便于用户使用的设计以及相应的软件等等。

今天日本的办公用品制造商不断地开发出优质的办公机械，并且正在逐渐地成为该领域内的世界领导者。组装制造厂商以及出色的设计当然是日本厂商取得这一成绩的重要保证。然而与此同时，绝不能忘了有数量庞大的优秀的零部件生产商这一群体，他们采取最尖端的技术生产出质量优异的产品，并且以低廉的价格持续不断地销售给组装厂商。

IC 产业中也有类似的情况。对于 IC 产业来说必不可少的单晶硅只有专业的厂商才能生产。要想进行超精细的加工，就需要高度先进的技术以及加工机械再加上多个门类的专业厂商提供最先进的技术才能成功。

真正核心的技术：在考虑到原子层面的物理特性的同时，设计超精细且复杂的 LSI 构造技术。拥有这项技术的各个公司在这一领域都有自己的技术特征，如果不是由自己公司直接来开发的话，就需要完全依靠其他公司提供这项技术。事实上，在美国就有专门从事 LSI 设计的公司，如果真的想要依靠外部的力量来获得这项技术的话也是可以的。

像这样最先进的技术，自己公司与其他公司在零部件或者是技术层面的合作客观上是可能的。对于公司来说，真正重要的是要考虑清楚到底什么样的技术需要依靠自身的努力通过开发来获得，什么样的技术可以依靠其他公司的力量来获得。

专门搞技术的人往往习惯于无论什么技术都由自己公司来开发，对于自己公司没有的技术也希望能开发出以追上竞争对手的技术。然而假如某一项技术可以从市场上直接买来，而依靠自己公司的力量开发出来的技术在质量上又不足以超过专业技术提供商的话，这样的技术开发就是无效的，严重的话甚至可能直接造成致命的失败。倒不如把能够依靠其他厂商提供的技术让其他厂商去提供，而把自己公司有限的技术人员投入到能够充分体现自己公司特点的技术领域中去，尽早把从技术角度上看更加优秀的产品投入到市场才是最有效果的解决方案。对于处在激烈变化中的产业来说，这样做也可以有效地减小企业面临的风险。

在这里希望各位读者注意的是，以上讨论的范畴不包括把所有的技术全部拿来自己公司开发这一点。

从化学的角度开发一种全新的材料是专业的化学厂商的工作。然而新开发出来的材料究竟能够应用在电子工业中，还是应用在机械行业中呢，还是应用在体育用品行业中呢？无论应用在什么样的行业里，反复试验和不断地改良都是不可或缺的环节。正因为如此，在开发过程中需要花费大量的精力和时间，所以在原材料行业中占据领先地位的企业是不会被其他公司轻易赶超的。在很多的场合下，材料革命最终导致产品采用的材料更新换代，影响之大可见一斑。从这个意义上讲，在材料行业的日常的竞争当中，对于不同的技术领域加以区别，以长期的眼光来进行基础性的开发是非常有必要的，公司的管理者应该进行考虑。

设计也可以借助于其他公司的力量来完成

随着产品更新换代周期的缩短，相对于技术层面的领先更重要的是新产品的设计的力量。即如何把新产品的设计、样品试做、评价再到新产品的量产及在市场上的推出的过程在更短的时间内有效地完成。这样的能力就被称为公司的工程开发能力，与公司的技术能力之间有所区别。

在这一点上，有效地利用其他公司的能力依然是非常重要的。这个方面最典型的例子当然就要数在技术开发过程中对于同样的零部件制造商和外包商进行选择和利用。

在新产品开发的过程中，零部件的生产商能够对设计者的意图理解到什么样的程度，以及制造出什么样的零部件，对于新产品的开发和制造影响可谓不言而喻。所以，到底有多少优秀的零部件生产商围绕在一家组装厂商的周围是衡量这家组装厂商的工程开发能力的一个重要指标。

从这个意义上讲，在衡量一家厂商的设计人员的数量时，需要把其零部件生产商的工程师人数计算进去才比较妥当。事实上，零部件生产厂商把设计人员派遣到客户即组装商的设计室中去的情况并不在少数。他们在组装商的设计部同样以设计人员的身份出现并从事工作。

除此之外，当然还有更为直接地利用外部设计能力的方法。比如说像名古屋技术中心这样最近取得了急速成长的企业中就聚集了大量在各个领域身怀绝技的工程师。这些工程师担负起了根据客户的要求进行设计的重要任务。特别是像电机产业这样的行业中，一旦成长速度跟不上竞争对手，竞争力就会被严重削弱。在 IC 行业内，像凸版印刷那样的把 IC 的图形设计外包出去的案例不在少数。

让用户更多地参与到设计中来

以上所讲的内容主要是把外部的力量当成帮手来加以利用。然而如果想要再进一步提高产品的质量，就不能忽视用户的参与。特别是构建那些非常复杂的系统，以及某些产业中生产特定用户使用的制品时，这一点体现得更为突出。最典型的例子是在计算机行业以及原材料和零部件生产行业等。对于这些行业来说，让用户更多地参与到应用软件的设计中来是一件理所当然的事情。

然而在微型计算机使用的系统领域和新材料的领域里，其他产业的厂商进入的例子也比较多。尽管应用程序开发的重要性不言而喻，但是在开发应用程序的过程中忽视用户的例子也屡见不鲜。

川崎重工为了生产机器人，开始采用原本用于汽车生产中的焊接技术，而川崎重工之所以能够参与到机器人生产的行业当中，主要是因为川崎重工从美国的 Unimation 公司引进了相关的技术，并且和日产以及丰田联合组成了项目组，进行系统开发。

如果从用户的角度来看，这就是一项典型的应用程序开发的项目，然而对于厂商来说，这次开发和改良产品是更为贴近用户需要的机会。

结果是原本各个厂商不具备的机种在技术层面得到了强化。与此同时，重工业大型厂商和综合电机厂商也参与到其中，但却没有做到让客户更多地参与到研发的过程中来，最终产品也没有获得市场的认可。

美国的波音公司则因与用户一起开发产品而闻名。比如说波音747 机型就是和全美航空及汉莎航空联手共同进行研制开发而成的。这样的开发机制使波音 747 在开发的早期就能够充分地迎合用户对产品的需要，大量地减少了浪费，使得开发的周期大幅地缩短。

当然，厂商和用户一起对产品进行开发，也不总是能顺利进行。特别是对于那些开发周期长且非常复杂的系统产品，即使是用户也需要投入大量的资源。在这样的情况下，有一些方法能够使得厂商内部对产品的要求被当作用户的需求来加以重视并体现在最终产品上。如果能够真正做到这一点，对于厂商来说非常有利。在前文所述的机器人产业中，突然跃居首位的松下公司的例子就非常典型。新产品投放市场之前已经充分地满足了公司内部对产品提出的各项要求，才使得松下公司的产品在市场上迅速占据了第一的位置。

就公司内部对产品提出的要求来说，理论上可以以最快的速度，经过最为直接的讨论且在不必担心机密信息泄露的情况下进行开发。事实上，真正能够充分利用公司内部对产品提出需求的厂商屈指可数。在松下公司的例子当中，生产技术部门早早地就坚定地推进了标准化的自动化生产。最初是 PC 板的部件插入装置被作为一个重要的产品来进行开发。在这之后，从工作台开始到各种各样类型的机器人的组装台都进行了产品标准化的开发。按照这个做法，电子仪器领域就比较容易完成"流水线式"的产品组装。

很多企业都无法像松下公司这样充分地利用企业"内部用户"为产品的开发服务，却又无法真正培养出对产品开发有利的外部用户。企业往往无法同时扮演供应者和用户的双重角色，产品的经济性也往往没有得到应有的重视。于是所开发出来的产品经常是完成度不高的产品，受到市场的冷遇也就不足为奇了。

在松下公司的例子里担任开发的部门是独立核算的，虽然是公司内部的一个部门但也可以以严厉的目光对产品提出种种苛刻的要求。结果是松下公司用活了公司内部的需求，对于产品在外销市场上满足客户的需求起到了至关重要的作用。

生产环节上灵活利用其他公司的力量

接下来考量一下在生产环节上如何有效地灵活利用公司外部的力量。日本企业从来就有通过外部采购获得零部件的制度。然而在产品和业务的生命周期不断缩短的前提下，对于外部资源的利用就具有更为重要的意义了。

以计算机和办公计算机为例进行说明，二者基本上是由大量的外购零部件组装而成的（举例来说，打印机之类的设备就是如此）。有很多的厂商自身基本上不具备生产的能力，主要依靠外购获得零部件来进行组装，甚至连组装都是依靠外部企业来完成的。

　　形成这样的情况当然有各种各样的原因。原因之一它是由是急速成长的行业本身的特性。这是因为在急速成长的行业中企业确实很难保留住优秀的人才以及积累起必要的经验。

　　第二个原因是在一项业务的生命周期不断缩短的前提下，很难进行大规模的固定类的投资。一旦市场情况出现变化，很容易出现投资无法完全收回的情况。然而作为零部件生产商，还可以通过寻求其他的客户、生产其他的产品来规避这方面的风险，保证自身的生存。

　　第三个原因是很多企业不单是生产，甚至连技术都是依靠外部的供应商来提供的。所以如果不能在每一个环节上充分利用所有外部的资源，企业是无法生存下去的。

　　以上这些全都是必要条件，最后要说的是一个充分条件。就是即使在不直接参与生产的情况下也能够保证企业实现足够的附加价值，这一点对于理解公司采取的策略是非常必要的。

　　还是以计算机之类的高度系统化的产品为例，如何组装大量的零部件才能使产品在性能和易用性上实现最优化，是否能实现这些要求会导致产品对客户的吸引力有巨大的差别。所以产品设计环节上包含了巨大的附加价值。再加上在软件中包含了大量的附加价值，对于厂商来说不在自己公司生产硬件也没有问题。而且如果选择在自己公司生产硬件的话，由于自身硬件生产能力的限制还有可能导致产品导入市场的延缓。所以还不如把生产外包给专业的生产厂商来得容易。后文将会讲到，在同等的条件下自己公司完成全部的硬件生产相对来说更为有利。这样的案例也是有的。

正如前文中反反复复地举出的例子一样，在这方面的先驱者就是卡西欧公司。

卡西欧采取了"几乎完全依靠外部生产"的策略。当然，最重要的核心部件还是保留在自己公司内部进行生产。特别是在开发新产品的过程中，在新产品刚刚进入生产阶段的时候，主要是依靠公司内部进行生产，这样也可以让公司发现生产中的难点并集中全部的精力加以解决。一旦生产进入了稳定的状态，就把生产的任务移交给外部的协作厂商来完成。通过这个办法，公司自身有限的生产资源就得到了最大限度的利用。更重要的是，在最近开发的LSI产品当中，卡西欧自身只负责产品的设计，全部的生产都交由外部的生产商来完成，双方合作的协议已经发表。这就是一个典型的在技术层面上由自己公司开发并借助其他公司的力量进行生产的例子。

以上所述的各个例子，都是充分利用企业外部的资源，应对企业所面临的变革的方法。上述这些例子中最有意义的一点就是，与现有业务完全不相干的企业参与到一个新的行业当中来，比如说原本是重工业生产商的企业开始参与到电子类产品或新材料的生产和研发当中来，然而在传统的大企业当中，有排斥他人的风气。

第二，自己公司变革的方向

灵活运用 CAD/CAE 技术

企业变革并不仅仅意味着积极借助其他公司的力量，如果企业自身不能实现变革的话，也就称不上是真正的变革成功。特别是在应对新产品循环速度变快的问题上，有必要下定决心改善其中最需要花费时间、效率最低的环节。

今天已经形成了新产品一波接一波地不断被导入市场的局面，企业从某一款新产品中获得的销售额是有一定限度的。所以如果想要扩大整体的销售额就需要增加新产品的数量才行。由于投入到某一款新产品中的工程师的人数大体上是固定的，所以从这个角度上来讲销售额的多少是由工程师的人数决定的。同时在那些有希望得到空前发展的领域里，专门针对工程师的猎头也不在少数，所以工程师人数就形成为了制约企业发展的瓶颈。在这样的背景下，如何充分挖掘工程师的潜力，提高工程师的工作效率，就成为一个具有深远意义的问题。所以 CAD 即计算机辅助设计 (Computer Aided Design) 和 CAE 即计算机辅助工程 (Computer Aided Engineering) 这两项技术就显得尤为重要。

CAD 和 CAE 这两项技术在过去的一到两年中以非常快的速度普及开来。以笔者所见过的大企业来看，可以说现在基本都已经导入或正在导入这两项技术。日本企业虽然在工厂自动化方面走在了世界的前列，但是在采用 CAD 和 CAE 这两项技术方面却远远落后于美国企业。

造成这种情况的原因有很多。第一，美国在军事、航空等领域里首先开发了 CAD 和 CAE 技术。由于日本没有相应的工业背景，所以在应用这两项技术的方面当然就落在了后面。第二就是日本企业从来在优化工厂，实现工厂合理化的方面不惜重金进行投资，相比之下对于白领工人的工作合理化方面的投资就显得没那么大方了。所以在这两项技术方面的应用就形成了远远落后于美国企业的现状。

那么如何才能弥补日本企业在这方面的落后造成的竞争劣势呢？一般认为还是要通过勤奋的工作来完成。在被视为先进技术领域的电子行业里，休息日上班甚至整夜加班，在一定程度上已经成为这些企业的常态。

更有甚者，在 IC 行业的公司里，中坚管理人员一个接一个地因过劳而死的事情大家也有所耳闻。在今天的行业界内，员工对于公司的使命感已经驱使员工努力到了惊人的程度。领导者的身体是否强壮对于企业来说就显得更为重要，他们应该成为企业员工在这个方面的楷模。就算在工作上取得再出色的成绩，如果没有强壮的身体，一切都会变得没有意义。冷静地审视企业现实的状况，要想进一步地提高企业的生产力，就有必要进行再投资。

业务的标准化

为了向企业中导入 CAD 和 CAE 这两项技术，首先需要使非常规业务的设计和开发实现标准化。这和工厂实现自动化的初衷是完全一样的。然而，很少有企业能够对设计、开发业务进行充分的业务分析。

　　只要是工厂就一定有具备一定技术的生产者，那么也一定有相当丰富的全面质量管理（IQC）和工业工程（IE）之类的管理手段。同时还有类似日科技连这样的教育相关机构。然而即使是那些具备了零部件标准化方面专家并且在这方面努力的企业中，也只听说过一家IC行业的企业在设计和开发业务方面实现了标准化。

　　在这个例子当中，所谓标准的形成就是在设计和开发的过程中把获得的经验通过记录的形式呈现出来，再由专家对这些记录进行检查、整理和提炼。此外，严格执行标准也是不容忽视的。

　　只有像这样的企业在开展业务时开始贯彻标准化，CAD和CAE这两项技术才能逐渐开始发挥作用。对CAD和CAE技术的使用者进行采访，在回答对这两项技术"最不满意"之处时，得到最多的回答是：这两项技术和自己公司的实际业务不能够完全吻合。当然，在原有的操作工序保持不变的基础上，仅仅导入了数控工作台和机器人等技术，能够顺利在企业中推广的案例肯定也是存在的。最近中部某个电气部件厂商获得了CAD应用的大奖。这家公司从十多年前开始使用这项技术，从产品系列的改良开始一直到操作工序为止，在很多方面改正不完善的部分，花了大量的时间，从容不迫、不慌不忙地在企业中推行这项技术。

　　设计和开发都需要花费相当多的时间和精力的工作。假如竞争对手已经导入了这两项技术，而自己企业也急急忙忙地开始导入这两项技术，想要在短时间之内就顺利地完成技术导入是不可能的，这一点希望各位读者能够充分地理解。

加速决定开发的意向

除了增加人手之外，在开发的过程中需要花费大量的时间的环节也同样需要根本性的变革。

其中最重要的就是由企业最高管理层所直接决定的新产品开发意向的问题。特别是在开发的初期阶段，开发的方向尚未完全确定的情况下，需要由企业的最高管理层提出明确的开发方向，协调开发过程中需要的各项资源，把所有的能量都集中到开发项目中来。然而在实际当中却是企业的管理者很难明确地提出开发的方向，在开发的过程中又忽左忽右犹豫不决，导致大量时间被白白地浪费。就算是产品的雏形已经初步成型，最高管理层对于产品雏形总会提出很多诸如成本过高等小的问题和修改意见。最高管理层的人数虽然不多，但是每每都能提出很多修改意见，往往导致浪费了大量的时间做出很小的修改。这样的结果就是产品开发进度延迟，产品不能够如期上市，上市之后也无法按照预想的价格进行销售，只能被迫降价出售而企业的利润也被蚕食。出现这种情况后，最高管理层往往要求今后再开发新产品时必须降低成本，结果只能开发出一些毫无吸引力的产品。企业一旦进入了这样一个恶性循环，就找不到到底为什么自己公司的产品在市场上根本卖不出去的根本原因，于是就这样浑浑噩噩、糊里糊涂地拖延时间。

当然不是说发布一款尚未完全开发完毕的产品就是对的。在技术方面不够完善的产品是绝对不能发售的这一点不言自明。但是在某一商品推向市场之后依然要在此后推出的产品中不断对其进行完善，企业的管理者应该有这样的思想准备。

加速产品的确立

最后是企业的生产部门必须提高生产速度。在实现生产合理化的同时，最重要的一点就是新产品生产速度的加快和成本的控制。到目前为止，在产品生产领域中，在合理的前提下稳定生产是最重要的课题。这个问题在今后也一定会非常重要，但在今后有必要更加注意新产品的确立。

在组装产业，金属模具的制造是确立新产品的过程中花费时间最多的一个环节。这也正是在今天大量的企业积极地向金属模具的制造环节中导入并应用 CAD 和 CAE 技术的原因。

到目前为止，大量的企业在金属模具制作环节上都是通过向其他厂商订货来完成的。虽然在这个方面有很多成功的案例，但是通过外包的方式来完成金属模具的制作在很多情况下进展并不顺利。接受外包订单的工厂如果向金属模具的制作方面投入巨大的资金，就无法完全避免投资的风险。

就像东京三洋这样，在企业自身导入 CAD 技术，从产品的设计开始一直到金属模具的制作为止，完全在自己企业内部自动化完成的案例，具有很高的研究价值。在达到这样的状态之前，对于生产金属模具的外包工厂的选择，以及如何与外包工厂紧密地一体化合作，是公司需要考虑的问题。最近笔者在参观工厂时尽可能地要求参观金属模具的制作。只要看了一个工厂在金属模具制作环节上的能力，就可以对这个工厂的生产速度有所了解。

除此之外，随着现在产品的型号及规格变化越来越频繁，生产中所用到的生产机床的更替、工序的调整以及装置替换等都变得越来越重要。目前很多企业对这一点越来越有共识。然而在这些方面的投资可不是个小数目。从这个角度讲，采用机器人参与生产的意义不仅仅是减低了对人工的需求这么简单。

比如说在汽车生产行业中使用的自动焊接机床，原来的自动焊接机床都是针对某一个特定型号的产品开发的。如果想要对这样的生产线进行升级和调整，哪怕只是对其中的一个部分进行调整，也需要花费数亿日元的资金并且耗费大量的时间。但是如果采用机器人进行生产的话，大概只需要几个小时就可以完成调整。与此同时还有工人达到熟练程度所需要花费时间的问题、成本问题以及产品良品率等诸多不可忽视的问题。如果把所有这些因素综合考虑，那么使用机器人进行生产的必要性就更加显而易见了。

以上围绕应对技术开发、生产系统等在现今技术变革中需要应对的问题的解决方案进行了论述，并对其中具有代表性的问题进行了整理。通过这些例子的讲解，各位读者如果能够对变革期产品开发及新技术的导入等有所理解，我将感到非常高兴。

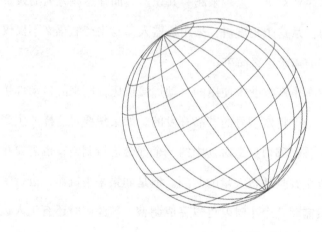

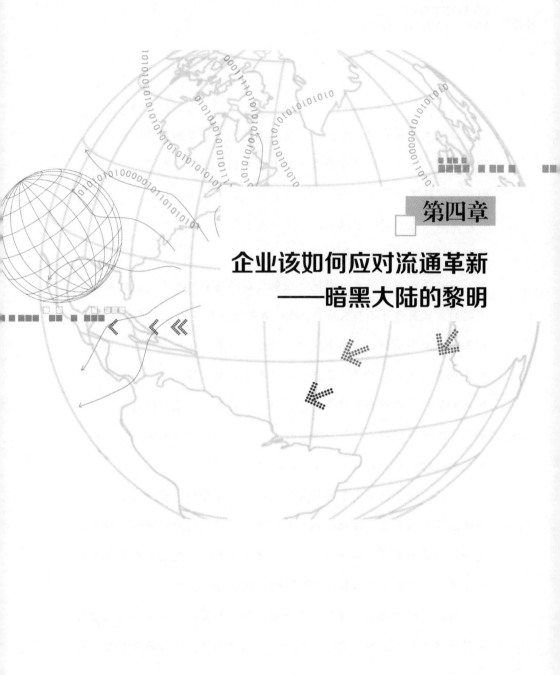

第四章

企业该如何应对流通革新
——暗黑大陆的黎明

目前无论是在哪一个行业，流通革新都在如火如荼地进行之中。毫无疑问，这一点对于企业来说具有重要的意义。与此同时，如何应对这场流通革新也是一个非常困难的课题。流通革新到底是怎么样的一场革新？在应对流通革新时，各个企业想要完成的目标是什么？以下针对这些问题提出我们的思考。

流通革新正在一点一滴地渗透到目前所有的行业当中。这场革新兴起的方式虽然并不引人注目，然却给企业带来了巨大且深远的影响。如果忽视流通革新的重要意义就难免会在未来遭受巨大的损失。然而如果想要顺利地应对这场革新，在这场革新中占得先机，就必须把这场革新当作新的机会并充分利用这个机会展开企业未来的发展。无论如何，流通革新对于任何企业来说都是一个不能忽视的课题。首先，我们必须对流通革新有一个全面的认识。

虽然流通革新具有重要的意义，但是如果仔细考量现实社会中应对流通革新的企业，成功的例子并不多。这就说明应对流通革新并不是一件简单的事情。要想成功地应对流通革新，首先就需要具有深刻的远见，同时还要具备长期规划事物发展方向的能力。

同时，由于流通不仅限于本公司内部的人员，也无可避免地涉及公司外部的人员，所以要想成功地应对流通革新，就必须有强大的执行能力。

一、流通革新为什么会兴起

　　流通革新兴起的背景中，最为重要的原因是用户的需求。在消费者的需求当中，最重要的两点就是对高品质服务的需求以及低价格的需求。这两点同时向极端化发展。下面将围绕这两点进行论述。

　　本来流通部门存在的意义就是满足消费者的需求。为了完成这一目标需要具备完善的机能，然而到目前为止我国的流通部门在满足消费者需求方面效率非常低，改进的空间非常大。为了促进流通部门的改进，流通部门内部也开始采用新的技术，同时社会上的基础设施也开始得以建立。这些改变本身就可以被视为流通革新的一个部分，所以在今后流通革新势在必行。在这样的形势下，企业将要采取什么样的态度来应对流通革新、采取什么样的策略来应对流通革新就是本章的主题。

流通革新的实际形态及其影响

流通革新进行的形态可以说多种多样。有的时候流通革新的形态是对于原来冗长的流通环节进行必要的改变，在提高效率的同时降低流通的成本；也有的时候流通革新的形态是企业基于战略上的理由开始创造出新的流通机构。首先从最能吸引读者注意的消费品流通行业的流通革新的进展谈起。

消费品流通业界的革新

超级市场出现在我国大约是在昭和三十年的时候。消费品行业的流通革新引起了轩然大波。因为超级市场这一新的业态迎合了消费者对低价的要求，于是以极快的速度流行开来。

在此之后如同雨后春笋一般地出现了各种各样的流通业态，比如说以 7-11 为代表的便利店。到现在为止，7-11 每年的销售额已经达到了 2,000 亿日元左右的规模。

同时还有专门瞄准消费者对低价的需求而出现的折扣店。这类商店的商品主要是诸如家用电器和照相机等高附加值的产品。

最近开始扩展速度非常快的宅急便也给流通业态带来了巨大的革命。其中的代表要数大和运输公司的"宅急便"上门配送业务。最初大和运输是一家仅有一辆卡车的小型运输公司，到今天已经坐上了运输行业的头把交椅。大和运输是凭借着采用了适合消费者需求的业态形式才做到这一点的。在这个过程中如何克服了大企业病，对于业界来说是一个具有深远意义的案例。针对这一点，关于大和运输面对变革的应对能力，将在后文的"案例——大和运输的宅急便"部分详细说明。

像这样的流通革新在几乎所有的领域里都在发生。不单是消费品行业，连同其周边行业都感受到了流通革新带来的巨大的冲击。

流通革新给予其他行业的影响是多种多样的。以超级市场的出现为例，超级市场的出现代表着一个新的业态的出现，其意义不仅限于超市业态本身，零售店因为超市的出现而出现货物销路变差，因此也遭受了重大的影响。原本那些把本企业的产品卖给零售店，再通过零售店卖给最终消费者的厂商也必须做好面对这场流通革新的准备。

举例来说，超市里对商品的管理很严格，一般会为销路好的产品建立列表，在日后的采购中仅采购列表上所显示的这些畅销商品，这种管理方法通常被称为"基本商品"管理法。当厂商直接面对超市的时候，超市就必须千方百计让自己的产品进入"基本商品"的列表当中。原先厂商面对批发商，通过批发商转卖给零售商的时代真是一去不复返了。

再者就是店面管理。举例来说，超市的货架上陈列在前面的商品和陈列在后面的商品的销售有很大的差距。所以，厂商为了了解自家的产品在超市里被陈列在了什么样的位置，经常不得不直接跑到超市里去看。

为了让自家的产品被陈列在货架的前排，各个厂商可谓绞尽脑汁，甚至不惜悄无声息地自己动手对货架上的陈列顺序进行调整。与此相比，在美国有大量的所谓货架管理（Shelf Management）的专业外包公司。到目前为止，在日本类似的外包公司数量还很少，但是可以预见在未来有增加的趋势。

对于折扣店来说，突出的卖点就是价格低廉。这样就会给周围的小型零售店带来巨大的冲击。原来那些通过批发商转卖给零售店，再通过零售店销售给顾客的厂商，现在不得不直接和拥有庞大折扣店体系的商家谈判并接受比以往低得多的价格。这样一来，对于原本从批发商处进货的零售商来说，要想对价格进行调整已经基本没有空间了。

再举例来说，原本的电器厂商都是通过系列零售店销售产品的，但是随着贩售音响产品、电视和VTR等产品的折扣店的出现，原本的系列零售店遭到了重创。原本为了培养起系列零售店的销售体系就已经花费了大量的时间和气力，现在突然之间又要变成依靠折扣店来完成销售，过程非常麻烦。

家常蔬菜的配送是流通革新产生的种子。最开始是为了满足夫妻双职工和长期卧床的老人每一餐的蔬菜供应问题才开始了这项家常蔬菜上门配送服务。从这一项服务开始，逐渐开拓出了新的业务机会。随着这项业务的不断发展，周边居民区的蔬菜水果店以及粮店等受到了巨大的冲击。

宅急便一类的上门配送服务也是一样，不但对使用这项服务的用户产生了巨大的影响，同时也对邮政系统、日本国有铁道的小件物品运输服务等形成了巨大的冲击。然而宅急便一类的上门配送服务的发展也给比如邮购服务之类的商家带来了巨大的商业机会。随着各种各样的业者的积极参与，有预计称未来20% ~ 30% 的零售要通过无店铺式的销售方式来完成。如果真的是这样的话，就像折扣店开始取代了原有的从经销商到零售商的体系一样，目前的零售体系将要经历又一次重大的变革。

厂家的流通革新

以上以消费品的流通为中心，列举了流通革新兴起过程中的几个例子并进行了说明。与此同时，其他领域中的流通革新也在渐渐地兴起。

对于生产资料生产者来说，到目前为止依然是大量生产单一的产品，并通过直接销售的方式卖给客户。然而从现在开始有越来越多的企业意识到经过流通业者来进行销售的重要性。

石油化工行业就是这个方面的很好的例子。到目前为止，石油化工行业的经营依然还停留在采购粗汽油，然后加工生产成塑料，再直接将产品销售给大量消耗塑料制品的商家这样的模式中。然而随着原材料价格的上涨，同时产品销售时面对激烈的竞争而无法提高产品销售的价格，于是利润空间被压缩而不得不通过业务多元化的方式来寻求脱离困境。结果是很多石油化工行业的企业开始进入了工程塑料或精细化工一类的领域中。

对于工程塑料制品来说，顾客在采购商品时会提出各种各样的要求，所以就有必要对客户进行细致入微的管理。同时由于客户分散在全国各个地方，所以由厂家直接把产品出售给客户的做法已经变得无法操作。由于原有的销售方法和销售体系已经无法适应新的要求，厂商如果不能灵活地采用外部代理商进行销售的方式的话，自家产品的销路就会变成一个严峻的问题。

从另一个方面讲，对于那些外部的代理商来说，这正是一个扩大业务的好机会。随着生产工程塑料制品的厂家数量越来越多，代理商和客户在选择厂家的时候便有了更多的选择。于是代理商就要面对如何把附加值最高的产品直接送到客户的手中的问题。

计算机行业同样是一个很好的例子。原来是只生产大型计算机，并把产品直接卖给客户（基本都是大企业）。随着计算机的体积逐渐变小，出现了越来越向个人计算机化发展的趋势。开始有家庭拥有小型的计算机。如果是这样的话，由某一家厂商直接把计算机产品销售给每个家庭显然是不可能的，这就需要通过外部的代理店完成销售。

对于很多计算机和办公用品代理商来说，都希望开辟新的业务领域，参与到不同领域的竞争当中来。

与此相反，原来采用代理商制度进行销售，现在逐渐变成直接销售的案例同样不在少数。比如说对于那些经营环境艰难、利润空间受到严重压迫的企业来说，急需通过压缩渠道来节约成本，扩大利润空间。在类似汽车生产商这样具有超强谈判力的企业里，在供应材料或者零部件的时候会选择停止使用代理店，而使相应部分的产品价格下降，类似这样的例子也很多。一些厂商停止使用自身的产品代理体系，转而在自身集团的内部设立贸易公司一类的部门以获取这部分的利润。

代理店当然不会一声不吭地对厂家唯命是从。既然原来从厂家采购再转手销售给最终客户的业务模式已经不能继续下去，有的转而开发适合最终客户需要的产品，有的转而开始制造产品。其实原来就有大型的食品批发商制造自己品牌的食品的例子（比如明治屋的果汁等），而现在则出现了办公用品代理商、大型商社等开始开发计算机产品的案例。

用户需求的社会背景

这样的流通革新在各行各业都在进行。无论是对原有的流通通路形成冲击也好，还是创造出新的业务拓展机会也好，流通革新都在以不同的形式给各行各业带来巨大的影响。

用户的需求

流通革新兴起的背景是各个企业追求在更大程度上满足用户需求。用户需求的两个主要方面是低价格的需求和高质量服务的需求。有必要这两个方面分别进行讨论。

"低价格"对于所有购买者来说是一个共同的需求，这一点无须赘述。当经济增长处于停滞，社会整体趋于成熟时，购买者对商品"低价格"的要求也会变得越来越强烈。对于那些盈利不再增长且能力低下的企业来说，原材料和零部件哪怕只是稍微便宜一点，他们也会为此放弃原来的供应商。而对于一般的家庭来说，无论是从电视上，还是从报纸上都可以轻易地获得商品的信息。消费者在获得了充分的商品信息之后，就能够对商品和商家做出选择。对于完全一样的商品，消费者会愿意到售价更低的店铺去购买，所以很多经营者都拼命对自己的产品进行宣传。

从另一方面来看，消费者在买东西时也不是只图便宜。对某种商品或服务有很强需求的顾客层会愿意为更好的质量和服务而选择较贵的商家。所以通过提供更高质量的服务，就能够挖掘出这样一类消费需求。

对于企业的经营者来说，有必要充分理解消费者对产品低价格和高质量的双重要求。对于究竟要迎合消费者哪一方面的需求不明朗的销售渠道在未来会被市场淘汰。

前文所述的折扣店就是典型的满足消费者对于低价格的需求而产生的销售渠道，直到现在折扣店依然保持着每年大约21%的增长速度。折扣店所卖的东西和其他的零售商卖的东西完全一样，但是因为折扣店的形式能够大幅度地削减流通过程中的成本，所以消费者在购买商品时会选择去折扣店。

便利店则是迎合了消费者对高质量服务的需求应运而生的。营业时间从早上很早就开始一直到深夜。目标客户群是那些相对年轻的双职工夫妇。销售的商品也没有必要特别耐用，一次性的产品足以满足他们的需要，同时也可以以相对比较高的价格进行销售。

实际上，如果把便利店和超级市场的商品价格做一个比较的话，会发现价格的差距相当大。以食品为例，便利店的价格比超级市场的价格高50%的例子不在少数。然而便利店却能够凭借着给客户提供的"高质量服务"而保持持续的增长。处在行业顶端的34家连锁店在过去的3年中销售额几乎增长了一倍，稍稍低于一兆日元的规模。

前文所讲的家常蔬菜配送到户服务同样也是迎合客户对于高质量服务的需求。在昭和五十三年到昭和五十七年的区区四年中，销售额从400亿日元猛增到了2400亿日元，增大了足足6倍！

那么家常蔬菜配送到户服务又是如何满足消费者的需求的呢？首先就是家庭主妇在做饭时不必再为买菜而烦恼。这对于需要上班的主妇来说非常方便。

第二就是通过使用家常蔬菜配送到户服务可以节省冰箱内的空间。对于小家庭来说，冰箱内的空间本来就已经很狭窄了。如果从超级市场买来完整的蔬菜，做饭的时候又不能完全用掉，就会导致冰箱里的空间更为狭窄。如果使用家常蔬菜配送服务的话，可以提供正好够一顿饭使用量的蔬菜。这对于特定的消费群体来说是非常方便的一项服务。

再有就是无店铺销售。如前文所述，将来无店铺销售将会占到整个零售体系销售额的20%～30%。在昭和五十三年的时候，无店铺的销售方式实现销售额3900亿日元，而到了昭和五十八年的时候，这一数字已经达到了6300亿日元。无店铺销售的优点就在于一方面可以节约店铺本身的成本，同时又能非常精准地直接满足消费者的需求。普通的零售业者只能在店铺里等着消费者自己上门来；但是对于无店铺的销售方式来说，直接向家庭寄送产品目录，再直接去拜访有兴趣的家庭，对产品目录上的产品加以说明，在说明的过程中巧妙地诱导客户使他们产生购买产品的欲望。通过此如"无农药蔬菜"的产品，诱导客户购买"生活消费品组合"，把消费者可能购买的产品"一网打尽"。从这个意义上讲，这种无店铺的销售方式也为客户提供了非常高质量的服务。

后文将针对宅急便服务详细介绍。满足消费者对"低价格"和"高品质服务"这两个需求的销售形势同时快速发展，据估算目前已经达到了大约 5 000 亿日元的规模。

前文所述的石油化工产业和计算机产业从向客户直接销售转而通过代理店向客户进行销售，生产资料生产商则对销售渠道进行削减等都是瞄准了消费者对于"低价格"和"高品质服务"的需求。从直接向客户进行销售转变为通过代理店销售，目的是为客户提供更加多样化、高度专业化的服务；与此相反，削减销售渠道则是为了满足消费者对低价格的需求。

除此之外，流通革新还在许多其他的方面有所体现。比如丰田汽车所提倡的 on time delivery（准时送达）以及大幅缩短了建筑时间的装配式住房建设等都是建立在满足消费者需求的基础上的。在另一方面，不能顺应流通革新的潮流而导致业绩下滑的企业也不在少数。

流通部门的低效率性

流通革新的背景就是追求进一步满足消费者对"低价格"和"高质量服务"的需求。然而如果仔细考察一下我国目前流通部门的实际情况就不难发现，到目前为止依然处于效率相当低下的状态，改善的余地非常大。

虽然我做企业的咨询顾问已经有很多年，拥有了相当丰富的经验，但是我依然对我国流通部门的现状感到痛心。有各种各样的例子都能说明流通部门的低效率。现在就我国流通部门的实际效率和国际水平相比较，用图表的形式加以说明（图 4-1 和图 4-2）。

请看制造业以及批发与零售业就业者人均实际 GDP 按照国别所绘的时序图。在我国从 1970 年到 1980 年间，制造业的生产率每年大约提高 7%。然而同期的批发与零售业生产率年均提高还不到 4%。结果就是到了现在（1980 年）批发与零售业的就业者人均实际 GDP 仅相当于制造业的大约 57%。

与美国的数字进行对比就不难发现，1980 年制造业的就业者人均实际 GDP 美国 4 比日本高 11% 左右，然而在批发零售业的差距却高达 31%。

我国的流通部门不但效率低下而且环节很冗长。请参考图 4-3 中批发与零售业整体的销售额之比以及其他先进国家的这个数据。可以看出，批发零售比率日本为 5.2，而其他先进国家则全部在 2.0 以下。也就说明，在日本批发行业的销售额是零售业销售额的 5 倍以上。在日本有多少从业者在批发行业内从业，由此可见一斑。

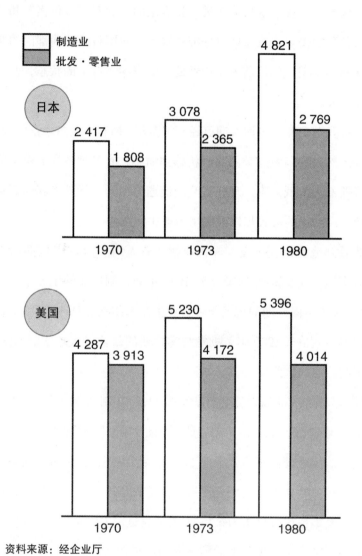

图 4-1 就业者人均实际 GDP（1975 年，美元）

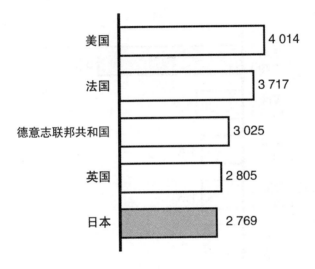

资料来源：经企业厅《流通结构与商务惯例等相关的国际比较调查报告书》
1984.3

图 4-2 批发与零售业人均实际 GDP（1980 年前，美元）

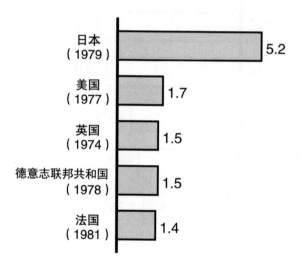

图 4-3 批发与零售比率（实际销售额之比：20 世纪 70 年代）

技术革新

推动流通革新的用户需求是存在的，从流通部门的实际情况来看改善的空间也确实是巨大的。对促进流通革新起到重大作用的就是各种新技术的开发。以下将围绕以 POS（Point Of Sales，销售终端）和 VAN（附加价值通信网络）为代表的计算机网络技术在流通革新中扮演的角色进行论述。

POS 是通过网络始终连接在现金出纳主机的销售终端机。通过 POS 系统可以查询到在什么时间，在哪一家门店，销售了什么商品。根据通产省在昭和五十七年所做的调查显示，全日本的零售店当中有 18% 已经导入了 POS 系统（其中当然包括 7-11）。如果包括有意向导入 POS 系统的零售店的话，共计占到全部零售店的大约 27%。

通过在零售店中导入 POS 系统，销售额、库存管理、订货管理的管理效率都会有大幅度的提升。销售管理中的信息收集力也会得到很大的提高。所以，导入这套系统对零售店的物流管理和销售管理都有非常大的影响。

有很多零售店是通过上级的批发商实现库存管理的。对于卖不掉的商品或者是在收货时发现已经损坏的商品等，这些零售店会直接退货给上级批发商。在这样的库存管理模式下，批发商扮演起了库存管理"缓冲器"的角色。但是随着 POS 系统的导入和最大限度地充分利用，批发商在库存管理中所扮演的"缓冲器"角色的重要性将被大幅削弱。规模稍微大一点的零售连锁店都能够越过批发商而直接和厂家交易。

同时随着 POS 系统的使用，充分地收集市场信息、捕捉到极其细微的市场变化并基于此类的信息对市场进行管理成为可能。当气温超过 20℃时哪种商品会更畅销？东京的青山和赤坂两地的畅销商品有何不同？基于 POS 系统，企业经营者就连如此细微的问题也可以得到正确的答案。随着零售商获取细微市场信息能力的飞跃，批发商以及厂家这些供给侧的机构也有必要开始进行更为细致的应对，以便更有效率地向市场供应畅销商品。毫无疑问，那些无法充分满足消费者要求的供应商将被市场所淘汰。

随着收集更为细微的市场信息变为可能，对于这些市场信息进行分析并为管理提供有效的辅助就成了一个新的管理学研究领域。这种变化反映了企业开始以更快的速度响应消费者需求的变化趋势。

与 POS 一样具有巨大影响力的是以 VAN 为代表的计算机网络系统。通过把各个营业场所和关联单位以计算机网络相连接的方式，这些部门和单位之间信息沟通的能力得到飞跃性的提高。信息的交换和管理以及业务处理的效率因此可能得到巨大的提高。

如果能够有效地利用这套系统，以原来无法想象的速度来实现海量信息交换就会变成可能，因为"信息不足"在管理上形成的瓶颈将得到缓解。到目前为止，受制于信息交换能力而无法完成的工作将随着这套系统的应用而变为可能。

以宅急便为例，每天要处理超过 10 万个包裹。为了把这些包裹快速准确地从寄件人处投递到收件人处，就需要对每一个包裹都进行详细记录，对于所形成的信息必须进行详细的整理。要想完成这样的工作，没有计算机网络的辅助简直不可想象。

无店铺销售业者也开始使用计算机网络辅助管理。以前当有一位客户发出订单时，无店铺销售业者就会向厂家下单，从下单到最后商品送到客户手中需要三周到四周的时间。现在由于有了计算机网络，从接单到发货可以在两天之内完成。

社会的基础设施建设

像这样的新技术的出现极大地加速了流通革新的进程。但是要使这样的技术得到充分的利用，就不能忽视社会基础设施的建设。

无论是 VAN 还是计算机网络，都是在电话线能够实现中继的基础上出现的。无店铺销售等的接受订货、发货期间的缩短等都需要在各大银行、信用销售公司通过网络相互连接才能实现货款快速回收从而完成整个销售过程。流通革新的实现很大程度上受到道路网、港湾、机场乃至通信网络等各种各样的社会基础设施的完善程度的限制。

二、应对流通革新的必备条件

流通革新兴起的背景是几乎所有的行业都在积极寻求进一步满足用户的需求。现有的流通部门运行效率性极低、新技术的出现以及基础设施的完善成了促进流通革新的三个重要条件。以下将针对这三个条件对流通革新的促进作用加以说明。

将以何种方式应对流通革新的出现将会对企业的业绩产生重大影响，这一点不言自明。然而在实践当中，只有在具备了几个条件的前提下才能顺利地应对流通革新；与其他企业实现差别化，充分利用流通革新带来的机遇，积极开拓新的市场机会，才能在未来的竞争中胜出。

最高管理层的领导能力

如果一个企业想要顺应时代的变化改组流通部门的话，最高管理层就必须具备出色的领导能力以及不屈不挠的执行力和组织能力。

在流通和销售这类领域中，不单涉及企业内部的人员和单位，还与企业外部的利益相关者有密切的关系。从图 4-4 中可以看出，流通革新所影响到的销售公司、商社、代理店、批发商、零售店等外部的组织及个人。要想顺利地推行流通革新的进展，必须具备高瞻远瞩的远见、很强的说服沟通能力以及冷静坚定的态度。在实行流通革新的过程中涉及企业内部组织的变革和人员的重组，所以企业的领导者还需要具备重新梳理组织形式的能力，能说明这一问题的案例也不在少数。

如前文所述，很多商品原来是通过从经销商到零售商的销售体系进行销售的，然而随着流通革新的兴起已经逐渐演变为通过超级市场及折扣店的方式进行销售。这种转变对企业所提出的要求就是必须掌握店面管理（货架管理）、指定日期配送、促销活动企划等诸多全新的市场营销技巧。

就算是家常蔬菜的日常配送服务也与传统的蔬菜零售店在管理方式上有很大不同。从家庭主妇的角度考虑，既不能过度占用电冰箱内的空间，又要考虑到哪一天，甚至哪一餐饭有几个人用餐等细节，才能掌握好用户对于服务的需求即蔬菜采购的需求量。这样的技巧可不是轻易就能够掌握的。

对于到现在为止还只具备通过贸易公司或者代理店进行销售经验的公司来说，就算突然之间转变想法下定决心想要直接对客户进行销售或通过无店铺的方式进行销售，首先遇到的问题就是自己公司现有的组织形式并不一定适应新的销售方式。第二就是需要掌握详细的销售、客户管理、接受订单以及配送方面的专业技能。

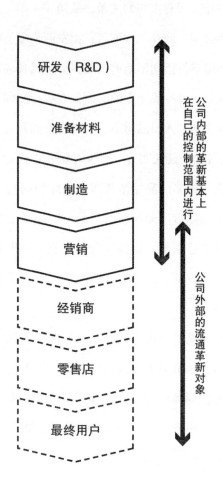

图 4-4 制造业的信息系统

与此相反，前文所述的石油化工和计算机行业等例子当中，原本采用的销售方式是直接面对客户进行销售，从现在开始却有必要转变为依靠代理商体系进行销售的方式。在这样的情况下如何在不和客户直接见面的前提下通过代理商体系有效地和客户进行沟通，如何制定对代理商的政策以刺激代理商积极地销售本公司的产品的能力都是不可或缺的。

由于应对流通变革所必须采取的措施不只涉及企业内部的人员，还与企业外部的人员和机构有着千丝万缕的联系，因而整个过程有相当的难度，最高管理层对其难度想象得过于简单，很容易导致在执行过程中惨败。

如果仔细地观察用户及竞争对手的行为模式和竞争策略，可以发现现在和以前相比有了很大的差别。在这样的情况下公司可能已经感受到了必须采取措施进行变革的必要性，然而具体的变革措施却很难出台。像这样没有明确的变革思路，只能依靠企业内部的企划部门进行提案，再由公司内部的各个部门对提案进行讨论，最终最高领导层只能在经过各方妥协的方案上签字盖章。这样的情况反映了管理层领导能力缺失，最终就算不能说企业的变革完全失败但也没有取得什么明显的改变，事实上这样的例子相当多。像这样反复实行无用的措施只会造成"公司在流通和销售领域里无法取得具有决定性的成果"的过敏体质。像这样的例子多发生在制造业当中。

周到的长期计划

出色的能力包含了高瞻远瞩的远见以及不屈不挠的执行力。然而在推行、应对流通革新的变革中还需要周密的长期计划和遵循计划执行的能力及组织能力。

在流通和销售部门的改组的过程中，原来的批发商等和利益相关者会对变革形成阻碍。在公司内部还需要培养出原来想都没想过的一些专业能力。要想在短时间之内就完成全部这些工作非常困难。有些时候不单需要具备展望超过 10 年的远见，遵循计划持续不断努力执行的能力其实比什么都重要。

三、案例：大和运输公司的宅急便服务

　　如第一节所述，流通革新在几乎所有的领域的兴起迫使原有的流通渠道发生改变，给企业开创新的业务方向实现差别化带来了机会。第二节围绕企业成功应对流通革新最高领导层所必须具备的领导能力、周密的计划以及在很长的时间跨度中持续不断地执行变革的能力进行了论述。

　　正如本文开头所述，在应对流通革新的过程中实现自身企业的差别化，从而真正把流通革新的兴起变成一个机会的企业到现在为止依然很少。在少数这些企业当中因为"黑猫大和宅急便"服务而广为人知的大和运输公司被视为"变革的先驱"。这个公司在应对流通革新的过程中已经具备的条件正符合本文作者认为的成功应对流通革新所必不可少的条件，所以特别作为案例研究来向各位读者进行详细介绍。

日本的送货上门配送市场

在日本最初的送货上门配送服务是在昭和四十九年从青森的"绿色送货上门配送服务"开始的。然而真正在日本全国开展送货上门配送服务是大和运输昭和五十一年开始的（如图 4-5）。

当大和运输开始从事送货上门配送服务的时候，在物流行业中真正相信这项业务能够取得成功的专业人士屈指可数。大和运输开始这项业务的背景是公司的第二代社长小仓昌男自从进入公司以来就一直抱有提供"大众配送服务"这一梦想。小仓昌男社长是在昭和二十三年左右进入大和运输成为一名职员的。这样算来小仓昌男社长经过了长达 20 年以上的酝酿和计划才最终付诸行动，先于市场上其他公司开始在日本全国推出了配送上门服务。

日本民间的送货上门服务市场在昭和五十一年到昭和五十四年的四年中相对平稳，每年大约 3 600 百万件。然而在此后的四年中保持了每年超过 60% 的增长率，到昭和五十八年这一市场的规模已经达到每年 2.8 亿件以上。在这期间，受到大和运输快速崛起的影响，邮政小包裹配送及国铁小件行李配送服务数量出现了急剧的下降（图 4-6）。

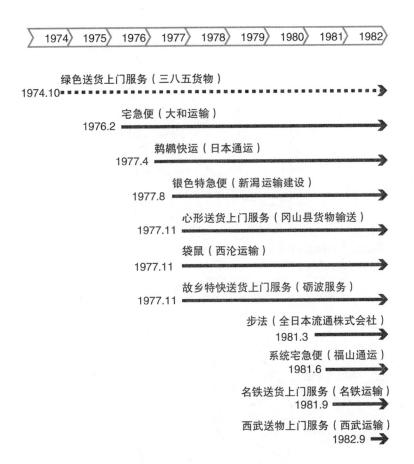

资料来源：关于运输省汽车局关于宅配航班的实际情况调查结果
和关于快递运费制度的研究。1983.3.17

图 4-5　主要快递公司的加入时期

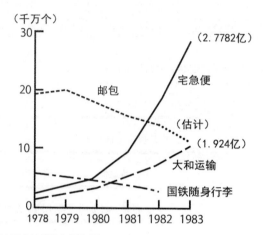

资料来源：《日本国有铁道监查报告书》日经产业新闻

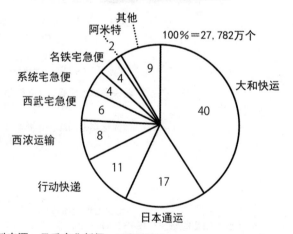

资料来源：日系产业新闻　1984.5.31

图 4-6　国内小件物品的运送量

需要特别注意的一点是，大和运输不仅仅蚕食了邮政小包裹配送及国铁小件行李配送服务原来的市场，还开辟出了全新的市场空间。在昭和五十四年每年有两亿件包裹通过邮政小包裹完成配送，然而到了昭和五十八年的时候这一数字已经快速下降到每年 1.3 亿件。下降的幅度高达 7,000 件之多。国铁小件行李配送服务在同期业务量也出现了急剧的下降，下降的幅度约为三千万件。两者合计缩小的市场空间约为 1 亿件，但同期日本的民间配送市场的空间却增长了 2.4 亿件。其中约有 1.4 亿件的配送需要是被挖掘出的全新的市场空间。这就意味着一场巨大变革的来临。

大和运输在现在（即昭和五十八年）占有约 40% 的市场份额。对于物流界来说，为什么大和运输能够在如此短的时间之内取得如此惊人的成就（至少是到目前为止）？以下将依照第一节和第二节的思路进行研究。

满足消费者需求的送货上门服务

与国铁及邮政快递等的送货上门服务相比较，大和运输的送货上门服务最好地满足了消费者的多样化需求。在今天这样的高度信息化社会中，地域之间的差别正在变得越来越小，各个地区之间追求平均化的趋势正在不断地加强。比如说东京营业所里有的资料也必须送到大阪的营业所里去。人们也会希望乡下老家的土特产在味道变差或变得不新鲜之前就能送到都市的友人手中。原来常听到的类似"只有九州才有"或者"不去北海道就买不到"这样的话正在变得越来越没有意义。

虽然说国铁和邮政的送货上门服务也能够在一定程度上满足消费者的这些需求,但大和运输的服务在速度上和准确性上最好地满足了消费者的需求。经过消费者团体的调查可以证明大和运输的送货上门服务在"配送要求的时间""新鲜度的保持"以及"包裹破损的频度"等方面都优于其他竞争对手。

而且根本用不着去邮局或者车站就可以使用大和运输的服务。只需要打一通电话,快递公司的人就会来上门取件。而且快递服务的从业者还通过电视和杂志等方式把自身公司的形象和动物联系在一起,与国铁和邮政相比在消费者心目中保持了一个更好的形象。

这样的送货上门服务很好地满足了消费者关于高服务质量及低价格的需求。如果消费者以为需要为高质量的服务支付更多的费用的话,那就错了。事实上,从一开始大和运输的快递服务的定价就比国铁和邮政的同类服务定价更低(如图 4-7)。

以从东京发往仙台或者名古屋的小件包裹为例计算各家公司的运费。国铁的运费是 1 000 日元,而宅急便的运费仅有 900 日元(现在,即昭和五十七年年末的运费)。虽然邮政的运费也是 900 日元,但是如果加上加急费用以及易碎品的保险费用等,实际费用相对较高。而大和运输的服务则没有这些额外的费用。所以宅急便服务实际上在高质量服务和低价格的双方面同时满足了消费者的需求。

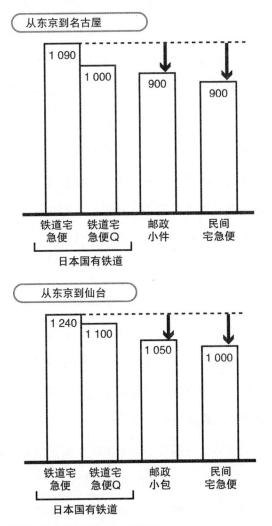

图 4-7 小件货物运输费用比较（1982 年，日元）

对未来的远见构筑在全新的想法上

对于消费者来说，这种新服务的出现当然是一件令人高兴的事情，但是对于提供服务的配送公司来说确实需要对到现在为止所有的想法和观念从根本上进行颠覆。仔细分析一下传统的卡车运输业和送货上门服务业就能看出其中的分别。传统的卡车运输业是从特定的货主手中把货物运送到特定的收货人手中，也就是说属于针对"特定客户"的服务。比如说某个大型的电器经销商进行调货，把一批一定数量的货物运往工厂。在这样的情况下对于卡车运输业者来说，为了保住这个长期客户，就需要对这个特定的客户进行个别化的客户管理并且可以基于特定的业务去核算整个业务过程的损益情况，形成个别化的运行管理。

与此相对的是，送货上门服务面对的是无法确定具体数量的个别的客户。就连每天货主会在什么地方出现都是事先无法预测的。这种服务模式相当于完全针对大众消费者。如果把日本全国的家庭全部假想为潜在客户的话，就必须建立起能够覆盖全国的物流配送及服务网络。所以也有必要利用媒体进行广告宣传。在运输业的历史上，还从来没有哪一家公司能够从只拥有一辆卡车的小型运输公司最终发展成为面向全国客户提供送货上门服务的大型运输公司。

再者说，作为企业的管理者，具备对未来社会的需求进行预测的能力不能不说是一项杰出的才能。大和运输的宅急便服务在服务的内容上是前无古人，除了企业管理者高瞻远瞩的预判能力之外，还需要进行巨额投资才有可能将业务开展起来。在这个过程中不但要具备敢于"赌"未来业务方向的魄力，其最根本的基础还是对业务本身具备前所未有的深入思考。

关于这一点，小仓社长是这样说的：

我一直以来都深信"送货上门服务"这项业务的需求对于大众来说是普遍存在的。我自从进入公司以来一直怀抱着无论付出怎样的代价也要去实现这项业务的梦想。当时的确就是这样想的。有的时候会有关键字突然出现在脑海里，如"量""需求密度"等。通过分析市场调查的结果，在东京每5个人当中就有一个人每年至少要寄送出一个包裹。如果只是一个卡车运输业公司的话，研究到这里就已经足够了。但是如果要开发出一套庞大的系统的话，就需要确保对于需求的"量"的存在……建立在市场调查结果上的"理论"成了开展这项业务的基础。

宅急便服务急速成长的背后是对未来的远见以及由此支撑起来的深入思考。

为了实现新的业务模式，为用户提供前所未有的服务，就必须对公司内部的组织机构进行改革，在这个过程中领导者优秀的组织能力是不可或缺的。

旷日持久的系统开发

大和运输的领导者不单具备了超乎常人的远见卓识，而且还有优异的组织和领导能力。

　　对于送货上门服务来说，一套完善的计算机信息系统是支撑起这项业务的基础。为大和运输开发出这套计算机信息系统的正是大和运输旗下专门负责系统开发的子公司 NEKO 系统公司。计算机信息系统行业内的报纸屡次刊登关于这家公司的文章，该公司开发的系统在业内受到广泛认可。大和运输在昭和四十八年就设立了专门的子公司负责开发计算机信息系统，在此后的十多年的时间里一直凭借着对未来的远景的预判，持续不断地努力开发、改善优秀的系统。

下定决心培育企业员工全新的技能

　　送货上门服务和传统的卡车运输业相比对于司机能力的要求可谓大相径庭。

　　在传统的卡车运输业当中司机并不需要拜访客户。司机只需要从某一个特定的地点把车安全准时地开到另一个地点就可以了，拜访客户的工作由其他的业务员来完成。如果把运输行业比喻成工厂的话，卡车司机的角色和工厂里的工人是一样的。然而对于全新的送货上门服务来讲，对于司机素质和技能的要求就要高很多了。司机要兼做原来由业务员完成的工作——拜访货主的家，并以亲切的态度收取货物。收到的货物要小心仔细地贴上标签并且准确无误地把相关信息录入计算机信息系统。由于每件货物配送的目的地是不同的，所以司机在送货的时候还得一边不断地查询目的地的具体位置一边完成配送。

　　对于新的送货上门配送服务的司机来说，掌握全新的技能是必不可少的。大和运输在开展全新的送货上门配送服务的过程中，原有的配送服务在一段时间之内依然占有相当大的比例。这就导致卡车司机习惯了在原来的业务模式下优先为长期大客户提供服务，而对于新技能的学习缺乏积极性。虽然大和运输专门组织了面向司机的培训，但司机们学起来也是马马虎虎。面对这种情况，大和运输采取的办法竟然是停止为原来一些大型客户提供服务。

大和运输和三越百货停止合作，同时从松下电器这样的大公司的业务中撤退，关于这样惊世骇俗的决断已经有很多详细报道介绍过了。大和运输不再为三越百货提供服务，大和运输确实遭受了一定的损失。当时大和运输通过为三越百货提供服务，每年就能实现16亿日元的销售额。大和运输内部专门为三越百货提供服务的专职人员就多达300人，占当时员工总数的5%。大和运输就是通过这种方式摆出了"一定要培育出新的业务模式"的姿态。在这背后是企业的最高领导者对于未来业务发展方向超凡的远见和卓尔不群的领导能力。

全面完善公司内部沟通机制

小仓社长之所以能够成功地推动公司内部的系统开发，培育出全新的业务模式及人员所需的技能，与他超强的忍耐能力密不可分。无论是开始开展送货上门服务，还是停止为大客户提供服务，当时公司内部不可能没有反对的声音。在开始推行送货上门服务之前，小仓社长曾经亲自和工会干部进行交流，努力说服他们，并且一直谋求和公司内部各个层次上的员工进行直接的沟通（如图4-8）。

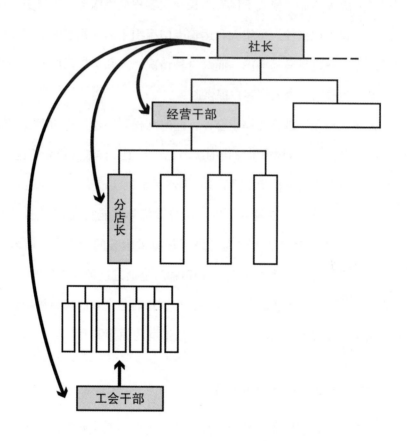

图 4-8　大和运输公司的内部沟通体系

积极面向公司外部的政策

充分利用公司外部资源

大和运输之所以能够取得如此令人瞩目的成就不能仅仅归功于公司内部组织能力，还与其积极利用外部资源有着密不可分的关系。在这个方面，大和运输同样做出了积极而果敢的行动。

比如说在全国物产丰富的地区，无论是地方名酒还是优质的稻米，大和运输都在很短的时间内和代理商建立了合作关系，使得这一块的业务得到了快速的发展。对于在短时间之内无法通过自己公司网络覆盖的地区，大和运输积极收购同业对手以扩大自身配送网络覆盖的范围。到现在为止，据说全国市场的 95% 的人口已经被大和运输的服务网络所覆盖。

勇敢挑战业界公认的"常识"作

为业界先驱，为了保证递送包裹的"量"，大和运输积极地"创造"出了对自身服务的需求。

10 公千克下的小包裹，比如一公斤或者两公斤的小包裹，按照运输省的规定运费都是一样的。然而大和运输却通过给两公斤以下的小包裹提供更便宜的运费唤起了市场的需求。当时也只有大和运输这一家公司向运输省提出了要求给两公斤以下的小包裹降低运费这一打破业界常规的申请。在运输省看来，业界的惯例比什么都重要，于是对大和运输提出的申请并不热心。面对这种情况，大和运输在昭和五十八年的时候，通过在报纸上刊登大幅广告将这一事件告知于一般消费者。迫于压力，运输省最终才不得不同意了大和运输的请求。

正是通过类似这样对公司内部和外部同时进行的长期且极端积极的努力，大和运输梦寐以求的物流革命才最终得以变为现实。

像以上所述的大和运输这样，通过有效满足消费者对低价格和高质量服务的要求而实现流通变革并且成功地开发出新的业务机会的企业确实为数不多。

毋庸置疑的是，面向未来的大和运输依然需要面对许多棘手的问题。日本通运通过积极开展鹈鹕快运来追赶大和运输的服务。到昭和五十八年的时候，全国代理店的数量已经赶上了大和运输。

最近随着计算机网络技术取得突飞猛进的发展，原本那些不具备全国物流网络的公司也以此为契机和其他公司缔结合作关系，加速在短时间之内建设全国性物流网络，送货上门服务市场上第三和第四强大的势力便是通过类似的合作而形成的。今后大和运输将要以何种方式面对这个问题呢？今后继续扩大送货上门服务的业务版图的可能性依然存在。

然而到目前为止，大和运输的业务开展的确给了我们这些正在积极准备条件以顺应流通革新的企业以很有价值的启示。今天，在流通变革不断发展深化的同时，有越来越多的企业正在积极准备自身的条件以顺应这场变革。

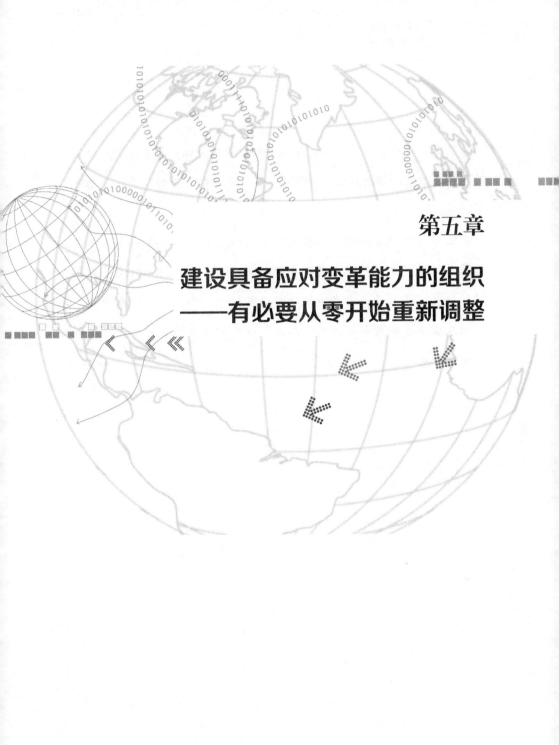

第五章

建设具备应对变革能力的组织
——有必要从零开始重新调整

根据上述内容不难发现，在很多的行业内企业要想生存下来就不能再延续原有的解决办法，如果不从根本上进行"质的改变"是绝对不行的。

然而与此相适应的组织形式又是怎样的呢？本章将围绕这一问题展开讨论。主要的观点有确立更加明确的变革意图，确认业务基础的转变，从零开始重新审视组织运营体制，个人能力的再开发，强调改变企业和外部之间的"界面"以及重视能够完善企业机制的软件这六点。

一、确立更加明确的变革意图

以危机感作为出发点

对于在最近几年曾经中参与过企业体制革新的人来说，经常碰到这样的情况，虽然业务开展环境的变化已经把企业逼入了无法逃避的境地，在员工当中也模模糊糊地弥漫着不安的情绪，然而采取新的行动的激情却始终无法达到沸腾的顶点。也就是说，在企业内部依然盛行着相互转嫁责任（上下级之间相互转嫁责任，包括横向转嫁）的情况，对于问题的讨论也流于形式，很难触及问题的本质。企业轻率盲目地采取措施，因而无法真正努力推行改革。

如果仔细研究一下处于这种状态的公司就不难发现，在多数情况下真正的危机是最高管理者没有真正推动根本性变革的意图，从弥漫在员工中间的模模糊糊的不安感当中并没有迸发出变革的动力，所以有必要把不安感转换成为真正的危机感。

强化员工对企业的归属感

在公司组织内部经常会滋生出危机感，如果仔细分析那些能够敏感地应对外界环境变化的企业，在多数情况下都会发现这类企业的员工当中存在着一种自身与企业融为一体的强烈的归属感。

这种归属感源于两种情况：一是类似丰田家族之于丰田汽车，或松下家族之于松下电器，这样能够维系企业长期发展的绝对力量；二是在类似本田技研或索尼这样的公司里，大量的员工同时也是公司股东的情况。无论在哪一种情况下，员工都会感觉到企业的繁荣和员工自身的发展密不可分。所以员工才会不受自己工作的范围所限，而能够从公司的角度出发深入考虑公司的事业如何才能发展得更好，并且将自身的想法最终转换为企业改善的动力。

危机感是如何激发出来的

从以上两种情况来看，并不一定非要有某一个"家"来作为公司最主要的股东，如果大量的员工同时也是公司的股东，也是一种典型的大企业的组织形式。那么在这样的组织形式之下，如何才能在企业内部唤危机，如何才能强化企业变革的意图就成为问题的关键所在。

随着时代的变化，在变革中获得成功的大企业并不一定都是创业者经营的企业。比如说，在 20 世纪 70 年代初期进入台式电子计算器行业却以失败告终并一度出现亏损的佳能公司，在此后却成功地转型进入了照相机行业和办公机械行业，并且在短短 3 年之内就一跃成为日本第一流的企业，此后的 3 年之内又跻身世界第一流企业的行列。与此类似的还有住友银行，虽然曾经在住宅问题上遭受了惨痛失败甚至从利润第一的宝座上滑落，却以此为契机一举将企业内部的合议制转变成为权力分散的体制，并基于全新的内部权力体制重新确立起经营的风格，一举在证券及国际业务等领域里与其他竞争对手拉开了差距，重生为一家全新的先进的银行。确实存在一些这样的企业，能够借助在企业内部迸发出来的危机感实现企业的变革。

要想在企业内部唤发出危机意识，有两件事是必须完成的。第一就是企业必须直接面对已经呈现表面化的问题，并且全面系统地分析表面化问题背后的原因并挖掘最根本的原因。只有在明确了深层次的原因之后，才能够从根本上解决问题，达到治标又治本的目的。基于此才能明确企业未来发展的蓝图，并且积蓄起足够的力量来面向未来的充分发展。

如果要做到这一点，就必须将公司内部最优秀的战略制定人员以及各个部门最优秀的员工集中到一起，采取横断组织结构的形式发现企业内部的问题，制定未来战略。在佳能公司的例子当中，就是把企业里的生产、销售和开发等各个职能部门断开来，抽调出最优秀的人才组成系统委员会，对企业存在的根本性问题进行深入讨论才为企业最终的变革奠定了基础。

第二件必须完成的工作就是企业的最高管理层对问题的实质以及解决方案必须达成一致。如果企业的最高管理层不能跳出自己所代表的部门利益，而只为各自所代表的部门利益考虑，并且不能从企业的竞争对手的角度考虑对于企业整体最有利的方案，结果必然以企业变革的失败为代价。企业的最高管理层内部的沟通非常重要。我时常会遇到一些最高管理层之间沟通极少的情况。如果企业的最高管理层之间能够保持一周一次或者两周一次的频率进行深入讨论的话，这样的讨论对企业的变革将具有非常大的价值。

在这样的情况下，就必须在企业内部把真正具有远见且居于要职的人才集中在一起，针对各自职责范围内的问题进行讨论，再把讨论出来的问题上报给最高管理层进行审议，才能使这样的讨论成为全公司关注的焦点，从而自然而然地在企业内部焕发出员工的危机感。如果企业内部的管理者以"每天都太忙了"之类的理由回避这样的讨论的话，企业的变革也就难免落得无疾而终的结果。

二、确认业务基础的转变

利润来源的变化

无论是在哪一个行业，如果用长远的眼光来看，利润的来源即业务本身存在的根本基础都处在变化之中。

以航空业为例，大约 10 年以前国际航运业经过几番调整使供需关系达到了平衡状态。如果当时航空业的经营者能把航空业视为运输行业的一种形式就已经足够深刻了。此后供需关系平衡被打破，出现了相当混乱的竞争局面。各航空公司竞争的焦点转变为如何争取到更多的客户以及如何满足客户的需求。从本质上讲，航空业从运输业开始向服务业转变。在转变的过程中，嗅觉灵敏的德尔塔航空和新加坡航空等公司由最高领导层亲自上阵指挥，采取得当措施，使得这两家航空公司的业绩在此后保持了良好的势头。然而此后，像 People

Express 这样在成本结构上完全不同的新竞争者开始进入了航空业并最终击败了德尔塔航空。

超市行业也是如此，在短短的数年之间业态就从本质上发生了变化。超级市场行业经历了昭和三十年代高度成长期之后，积累起了大量采购和大量销售的诀窍以及扩大店铺的能力，整个行业借此获得飞跃性的发展。与此形成鲜明对照的是，以昭和五十三年的石油危机为转折点，消费者的意识开始出现了变化。随着消费者的生活条件逐渐变得富足，从原来的单纯只考虑价格而快速转变成更倾向于购买"质量高一些的产品"和"喜欢的产品"的购买模式。

今天的超级市场经营者们并不一定再去使用像"量贩店"这样的词，而是开始使用"专门店"这样的词。专门店的意思更侧重于小型的、更加专业的店铺。关键是超市业的利润来源转变为销售价格稍高但能让消费者接受的产品，并围绕这一核心积累起了相应的诀窍，使得超市业的实质悄然出现了变化。

以上所说的行业利润来源的转变并不仅限于航空业和超市行业，事实上今天类似的变革正在几乎所有的行业内悄然兴起。比如化学品行业从原来的以蓬松毛线为主要产品逐渐转向以精细化工为核心；银行业也从"金融中间人"的角色逐渐向着证券业及面向国际化的客户并提供价值开发、金融资源供应的方向转变。总之就是要意识到业务的本质正在经历巨大的转变。所以，无论什么样的大企业都不能认为自己和变革没有关系。无论是什么企业都要开始"自我变身"。这种变身的动机和业务发展的"多元化"有着明显的不同（图5-1）。

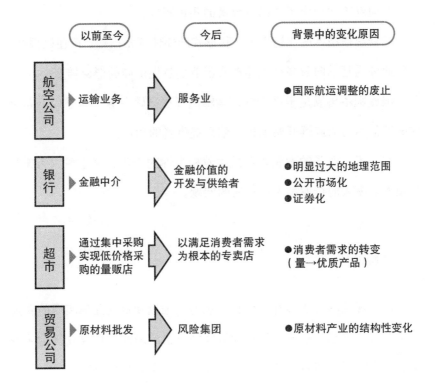

图 5-1 大幅度转变业务的本质

对于新日本制铁公司来说，面对钢铁建材市场的萎靡不振的情况，积极推行以新的材料作为钢铁的替代品，把自身重新定位为主要产品以铁为主的各种高性能材料的研制和开发公司。

家电行业，随着用户需求急速转变，松下电器开始从家电行业的领导者向着工业用电子产品领导者的角色转变。

随着通信技术的飞速发展，新形式的媒体开始出现。正在以报纸、出版业务为基础向着多种媒体形式产业信息提供商的形象转变。

国铁则不再满足于基于铁道运输网开展运输业务，而是以遍布全国的通信网络为武器开始承担起信息提供者的角色。

在今天，业务的本质正在发生着根本性的变化。这正在成为无论规模多么庞大的企业都无法规避的问题。

恶魔循环

然而现实却是能够有组织且井然有序地重新定义业务实质的企业屈指可数。大部分企业都是在面对业绩下滑的局面时反反复复地采取头痛医头脚痛医脚的对策，最后势必导致企业实力的损耗。

当一个企业的核心业务开始失去活力的时候，就会陷入典型的恶性循环，我们称这样的恶性循环为"恶魔循环"。企业一旦陷入恶魔循环之中，几乎不可能有从恶魔循环中跳脱出来。

举例来说，在照相机以及汽车等行业中，最近消费者对产品的需求正在出现多种不同的倾向且变化的速度非常快。也就是说，成功的关键不再是像过去那样凭借大量生产和大量销售产生的规模经济效应，而是转向缩短和消费者之间的距离以及开发出具有个性化的产品的方向。在过去的 5 到 6 年中台式电子计算器产业经历了十分残酷的竞争，在这场竞争中最终生存下来的企业包括卡西欧、佳能、夏普等企业。然而一个值得注意的事实是，这些企业并不一定具有很强的销售能力或先进的技术，而是更好地满足了消费者对产品的需求。这一事实也从侧面证明了行业发展的方向。

　　然而即使了解了行业发展的动向，大部分企业还是倾向于采取"目力所及范围内"的短期的策略。比如 A 公司面对市场需求疲软的局面采取了最简单的手段确保自身的利益，即采取激进的手段压缩生产成本。这样的策略过度关注企业的短期经济利益，却无可避免地损害了产品的功能性，直接导致了生产产品所使用的零部件价格越来越低（质量越来越差），结果不可避免地导致了市场对于 A 公司产品的价值认知越来越低。A 公司产品维持其现有价格的能力越来越差，市场需求进一步疲软，于是压缩产品成本的压力越来越大，最终完全进入了不可逆转、无法跳脱出来的恶性循环之中（图 5-2）。

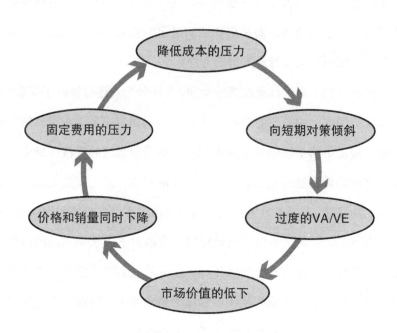

图 5-2　成本降低与开发的恶魔循环

在不同的情况下，有时不单要应对业务"成功的关键"的快速变化，还要同时面对业务内容的转变。对于缝纫机业务来说，在今天的时代，年轻女性已经不再使用缝纫机自己在家做衣服而是直接去商店购买理想的服装。这样的时代背景的变化强迫行业原来存在的基础发生动摇，换句话说，整个缝纫机行业正在面临被社会淘汰的局面。在这样的情况下若坚持研究如何提高缝纫机的品质或者如何开发出新型号的缝纫机将徒劳无功，从本质上讲就如同在即将撞上冰山的"泰坦尼克号"上重新排列椅子的次序一样毫无益处。

B 公司死死抓住缝纫机生产这一"核心业务"不放，投入巨资在产品改良上，结果是企业不得不面对销售持续低迷的局面。企业原本具备的进入新行业的能力也被消耗殆尽。不肯放弃已被社会所淘汰的旧的产业，使 B 公司一步一步地陷入了无法逃脱的恶性循环。

在另一方面，也有少数企业家以犀利的目光审视着业务本质的变革，基于对业务本质转变的充分认识制定出了应对变革的最佳策略。比如说缝纫机行业中的兄弟公司就没有试图留在缝纫机行业之内。在充分认识到缝纫机行业已经是不折不扣的夕阳产业，未来再也没有空间让公司生存下去之后，兄弟公司充分利用长期积累的机械行业的专业技术积极进军打字机行业并一举获得了成功，结果在短短 5 年内夺取了世界第一的市场份额，其成长之显著令人瞩目。

光纤行业中的住友电工和古河电工都被认为是成功转变业务方向的典型案例。这两家企业并没有把生产电线作为自己的核心业务，而是把建立起高效的信息传输手段当成自身的使命并围绕这一使命积极开发新产品。基于这样的考虑，这两家公司积极投资于光纤领域，开发生产出了能替代铜介质电线的光纤产品，一举跻身于光纤领域世界最先进企业之列。在海外市场，像康宁公司这样原来专门生产玻璃制品的公司虽然也努力想要进入光纤行业，但步伐却明显地落后于这两家日本电线生产厂商。日本企业对于全新发展路线的选择不单给企业带来了全新的发展空间，更是在全世界范围内获得了一致赞誉。

重新定义"质变"的内容

对于企业的最高管理者来说，首先需要冷静地重新审视现有业务存在的基础，在各个方面各种形式的革新此起彼伏的时代，这一点非常重要。

在企业不断发展的过程中会逐渐产生某种"惯性"，这种看不见摸不着的"惯性"对企业未来的发展起着不可估量的作用，对于那些曾经取得过成功的大企业来说更是如此。不可否认，在过去的一段时间里，企业原来的组织形式和操作模式的确适合行业状况，然而当企业取得了成功之后，过去的组织形式和操作模式已经深深地渗透到了管理者和员工的心中，导致管理者和员工都在无意识中抵抗企业的变革。

"惯性"越强，打破"惯性"所需要的力量也就越强。A公司曾经在零售行业获得过巨大的成功，然而A公司的管理层却没有固守原有的组织形式和操作模式，而是用了整整 3 年时间强制性地在公司内推行变革。

在第一年中，管理层用通俗的语言不厌其烦地向上上下下的员工宣讲未来业务的内容将要发生什么样的转变。

未来的零售业的侧重点将会从原来一味地追求"量"向着为消费者提供"质量比较好，能令消费者喜欢的商品"的方向转变。要实现这一目标，必须抓住消费者的"心"即消费者对商品的价值取向。为了让公司里的每一个人都能听懂，领导层将这一趋势简单地描述为"未来消费者喜不喜欢我们所卖的商品会变得越来越重要。"公司管理层抓住一切机会，正式或非正式地向每一名员工灌输这样的理念，使整个公司在对未来发展的方向上形成了一致的认识。为了进一步拉近普通员工和管理层之间的距离，公司开始推行"感性革命"，公司不再要求员工在上班时间穿着西装套装，而是可以穿便装上班。所谓 no suit day（即"非正装日"）之类的口号开始在公司内部流行起来。

在第二年中，管理层开始推行一系列具体措施尝试改变公司业务的内容及侧重点。比如在店面的角落里单独开辟出一小块空间试验性地陈列"质量比较好，能令消费者喜欢的商品"。这个角落里摆放的商品不再拘泥于旧的销售框架，而是放弃原来对于"低价格"的追求，希望通过比较高的质量更好地满足消费者的需求，同时这些产品的售价也相对稍高，管理层希望通过这种方式研究消费者对新的业务模式的反应。

　　这样在逐步尝试的过程中积累起了很多成功的例子。比如说，在药店附近的店血压计的销售情况比远离药店的店面要好。现在管理层决定在重视健康的人群经常光顾的健康食品卖场中销售血压计，结果销售业绩翻了好几倍。类似的例子还有"不加甜味的长方形面包"。消费者非常青睐刚刚出炉余温尚在的面包，这些面包虽然价格是普通面包的好几倍，销售额却增长了7倍之多！通过类似的例子员工们逐渐开始理解消费者并不只关心价格，产品只要质量或某一方面的服务能够更好地满足消费者的需要，即使价格稍高也同样能获得消费者的青睐。

　　在第三年中，管理层果断决定在全部店面内推行原来只在店内一角试验的销售模式。首先根据店面的位置和历史销售数据对每一个店面消费者的价值取向进行分析，改造旧店面同时积极开发新的店面。由于店内的员工都已经经历过消费者心理"试验"，所以这样对店面的全面改造很容易被接受。

　　不光是公司管理层充分理解了业务内容的转变趋势，还能通过培训加试验的方式把优秀的理念准确地传递给每一位员工。在这个案例中管理层表现出来的勇气和沟通技巧令人钦佩。

　　在全公司范围内围绕着变革的理念进行推广后，需要采取果断坚决的措施从根本上改变企业原有的运营模式。下一节将围绕这一问题展开详细讨论。

三、从零开始重新审视公司运营体制

关于转变企业运行方向的三个要点

企业如果想要转变运行的大方向必须做好三点。第一，必须明确认识到企业"应该做什么"；第二，企业内从领导层到普通员工具有切实执行未来发展构想的执行能力；第三，具有一旦出现问题能够及时发现并解决问题的能力。企业必须同时具备这三方面的能力。

领导能力并不仅限于"把员工团结在自身周围的能力"。除此之外更重要的是"正确理解业务发展趋势，当企业走向低谷时为企业找到新的业务方向"的战略性的领导力。如前所述，当缝纫机行业开始走下坡路时，兄弟公司最高领导层敏锐地察觉到了行业发展的方向并最终把公司带向了打字机业务。当以铜为介质的电线逐渐开始被市场淘汰时，两家日本企业坚决地全面转向光纤业务并最终成为该领域的世界一流企业。在这两个例子中，企业的领导者都展现了卓尔不群的领导能力。在企业变革此起彼伏、竞争环境危机四伏的情况下，这样的领导能力弥足珍贵。

当最高管理层确定了企业未来发展方向时，部门层面必须有能力切实地加以执行。这就要求部门层面必须具备很强的责任意识、执行管理层决定的动力以及获得新技能的能力。当公司的最高管理层指出了公司未来业务发展方向时，员工往往能够立刻开始着手工作，但如果仔细观察工就不难发现，员工们还在试图用旧的方式做新的业务。如果管理层不能及时发现并解决这一问题，整个公司在新的业务方向上的发展不问可知。这一点再次证明了获得新的知识和技能的重要性。

管理层必须使公司员工具备发现自身问题和解决问题的能力。由于公司转型进入全新的业务方向必然导致面临种种意想不到的挫折和挑战，转型不顺利几乎是不可避免的现象。对于体制和内部规章详细的大公司来说，员工往往缺乏准确描述问题并主动加以解决的能力。原因在于，传统的企业管理模式中具备提出问题并解决问题能力的员工往往被其他员工边缘化。

最高管理层的职责所在

基于以上的思考，企业的管理者必须从根本上重新审视组成企业的各个要素的职责。众所周知，最高管理层的职责之一是发现企业所在的行业已经过了高峰期开始走下坡路时，有能力带领企业进入一个全新的行业，或者是即使依然在原来的行业中却能为企业找到一个全新的切入点。通过这样的转变或者对行业切入点的转变从根本上实现企业方向的变化。这一转变的过程体现了管理层重新定义业务实质的能力。对于企业来说，具有这样的能力的领导者是可遇而不可求的。在某些情况下，仅凭最高管理者一己之力就能带领企业出色地完成这一过程。值得注意的是，在今天各项革命风起云涌、商业环境剧烈变化的大前提下，最高领导者仅凭一己之力就解决企业发展的根本问题的空间变得越来越小。

回顾化工行业发展的历程就不难发现，业内企业在"从石炭向石油的过渡"阶段经历了比较长的转型时期。一旦最高管理层下定了决心变革，企业就能从此走上全新的道路。今天的情况是，像品川制品这样的化工业巨头正在向多个不同业务方向发展。当企业同时进军精细化工业、制药行业以及生物技术等多个领域时，很难再依靠最高管理者一个人的力量带领企业完成转变过程，只能依靠整个管理团队集体的力量才能将这一过程现实。

最高管理层必须把精力完全集中到最重要的问题上

分析企业管理层时间的分配就不难发现，裁决堆积如山的"待处理事件"和应对业内方方面面花费的时间多到令人吃惊。然而在这样的背景下，彻底地从根本上分析和思考业务本身的时间却少得可怜。这样的情况在许多行业里都如出一辙，并不是某一个行业内的个例。

进一步分析表明，管理层把时间花在"错误"方面的企业大都没有确立起部门职责自律体系。许多问题原本应该在部门层面得以处理。这些问题没有得到及时处理导致最高管理层为了解决这些"低层次"问题花费了大量时间。在这样的情况下，最高管理层必须考虑对权力适当地下放。然而就算企业内部具备了权力下放的客观条件，管理层的是否真的能把自身的一部分权力下放到部门层面也是未知数。

从我个人长时间从事企业管理咨询积累的经验来看，像这样"过于忙碌"的最高管理层往往没有时间从容地思考企业的理想状态究竟应该是什么样子，也没有建立起对应该下放到部门层面去解决的问题进行委派的机制。我对这样的企业提出的建议是：首先要在部门层面对问题的性质进行基本的判断；确立起能够真正承担一定责任的中层组织机构；再基于这样的中层组织机构对原本被最高管理层所把持的权力进行适度的分配。只有这样做才是解决问题的良策。

如果只是一味地抱怨最高管理层没有足够的时间，其实只看到了问题的表象而忽略了问题的实质。随着技术的飞速进步，市场向着多个不同层面发展，地区性市场之间差异扩大，最高管理层越来越难以理解企业所面临的所有问题，更不必说还要做出正确的决断了。在这样的背景下，最高管理层在公司内部的权力分配、人员配置、部门分工上的协调变得比以往任何时候都更加重要。社长对企业现有支柱性业务的短期和中期目标负责；位置在社长之上的会长则需要对企业未来长期发展的目标以及长期业务发展方向的转变负责；副会长则对技术等各个不同的领域负责。诸如此类细致明确的分工显得非常有必要。

部门的自律化

最高管理层如果想要真正把精力集中到最重要的问题上来，就必须确立如上所述的最高管理层管理结构，同时部门层面实现真正的自律化也是必不可少的。除了新业务的开辟、原有业务的萎缩和最终完全退出等重大的经营课题之外，负责创造利润的部门应该负责制定和协调价格、控制产量并节约成本。通过调节这三个变量来实现企业的利润，最大限度地为股东创造价值。

然而最高管理层仅仅是意识到上述工作的重要性并且采取措施执行依然不够，在此基础上还有必要对组织运营体制进行彻底的重新审视。

实现部门自律化必须具备的四个条件

真正实现部门的自律化必须具备四个条件。首先是在公司内部形成责任单位；其次是与责任单位相配套的管理会计系统；再次是建立业绩评价制度；最后是建设能够培养出可担当重任的人才的培养制度。这四个条件之间还必须有机地相互协调才能发挥最大的效果。

　　长期以来，日本企业在管理实践中形成的惯例是：当业务向着多个方向发展时，一般通过事业部的形式组织和构建公司。然而在啤酒、汽车和轮胎等单一的业务方向的情况下，必须重新进行考虑。对于业务单一的公司，多数情况下公司内部是按照不同的机能而非业务方向来进行组织划分的。在这样的情况下，商品开发项目经理需要对产品的开发、价格的制定、生产的过程、质量的控制和销售的实现以及成本节约等同时负责。对于向国际化发展的企业来讲，按照不同的地理区域责任进行划分，让每一个分区的"大区经理"对利润实现情况负责的制度便应运而生。

　　一旦责任单位得以确立，就必须建立起与之相配套的管理体系，这样才能让最高管理者对每个责任单位的管理状况有所把握。值得注意的是，完美的管理体系在任何公司都不可能存在，在什么程度上对管理的权限以及相应的利益进行精确划分也各有利弊。实际操作中难度很大，操作不当还可能引起多方面的问题。最后的结果是，在很多情况下，公司无法完全建立起一套理想的针对每一个责任分区的管理体系。面对这个问题，最合理的解决方式恰恰是承认企业的管理中存在一定程度暧昧不清的部分，解决这一问题只能通过提高对各个分区的总体管理水平，从而使最高管理层能做出重大的战略性判断。

　　如果能够建立起责任单位，也有必要把责任单位和会计核算系统进行联动以准确把握每一个责任单位所实现的利润。值得注意的是，在原有的会计核算体系之下，100% 准确地对利润进行分解在原来是不可能完成的任务。随着各个部门损益的明确以及和部门利益挂钩，随之而来的是与各个部门都有关系的整体管理费用如何在各个部门之间进行分配，以及成本的变动对各个部门利润造成的影响该如何处理等问题。从结果上看，很多企业的会计核算体系无法适应企业管理模式的变革，管理层的构想最终难以施行。

所以到底如何对业绩进行评价就显得尤为重要了。以短期内的预算为基础对实现利润的责任进行衡量并和业绩评价挂钩的情况下，部门很可能严格按照规定去执行最符合利润实现逻辑的做法。随着部门责任的逐步明确，对于业绩的衡量不能只以短期利润实现为目标，还有必要把如人才培养等中期甚至长期目标也纳入部门业绩考核体系中来。只有这样才能让部门的管理者不只限于盯着眼前的短期目标，还能把实现企业的中期甚至长期目标也作为日常工作的任务来完成。

最后也是特别重要的就是对于人才的培养。对机构重新进行整合并利用会计核算结果作为最直观的工具对资产负债表、损益表和现金流量表所反映的部门状况进行把控，同时合理地分配管理权限。实际操作中经常会碰到领导不能合理地行使其权限的情况。造成这一问题很大程度上是由于企业前期没有采取措施开发并培养适应企业未来发展的人才，比如说企业从来没有在不同的部门之间对人才进行轮换。类似这样的情况在企业的管理实践中经常碰到。

当然还有能力之外的其他因素影响经理人的判断和执行能力。比如在承担一定风险的情况下如何克服不安的情绪。日本企业基本上都采用"终身雇佣制"。在这样的制度下，从部长一级的员工开始都可以终身得到公司的雇佣，这样就免除了未来随着年龄的增长而失业的担忧。董事在就任之前其资格被严格审查，在两年的任期之内的职责也被明确地划分，这些做法都使得这些高级管理人员在行使职权的时候非常谨慎甚至是过度谨慎。后文中将会讨论在这样的情况下董事们的经济待遇和他们所承担的风险以及对应的董事责任保险等。

最高管理层的支持系统

像这样随着部门自律化的不断推进，企业最高管理层开始能够把注意力集中到真正对企业重要的课题上来，并向着解决这些问题的方向迈进。为了实现这一目标，有必要建立起一套对最高管理层提供支持的系统，从而加强企业战略规划职能和充实对业绩的把握和管理能力。

要想拥有强大的战略规划职能，就必须有能力挖掘出企业存在的问题并大幅度地提高解决问题的能力。

仔细观察企业中所谓的企划室日常的工作就不难发现，这里每天的工作重点很容易倾向于规定的例行工作。近年来，几乎所有企业都开始制订中期和长期的经营计划。大部分企业在制定中期目标时都是由企划室首先对宏观环境进行分析，把量化的指标划分到各个部门。然后再由各个部门去制订详细计划以实现自己部门的量化指标。或者是先制定一个根本性的课题，各个部门在继续推进现有业务的空隙整理各方意见。然而这样做的结果通常是无法找到真正解决问题的办法，于是每年的计划中都会反复提到完全相同的任务和课题。

一般认为，处在变革期的企业战略规划职能应与例行的业务相分离而独立出来，让企划室把所有的精力集中于制定战略才比较合适。我认为，应该赋予企划室在核心项目上足够的提案权，从各个部门抽调出最优秀的人才集中到一起用几个月的时间专门讨论企业的计划，并把这样的机制形成惯例，才是最好的办法。

进一步而言，必须确立起发掘企业内部问题的流程和机制。如前所述，对于大企业来说，由于组织内部机制复杂，导致很难针对问题本身进行深入的讨论，反而倾向于掩盖问题。

要打破这种倾向，就调查部门而言必须让其担负起发现问题的责任，从最底层开始部署收集问题的"问题箱"而不是"提案箱"。更重要的是，要时刻关注竞争对手的一举一动、客户的变化趋势，并且随时把这些动向报告给最高管理层。对于企业的最高管理层而言，不能再抱着"公司的员工只负责发现问题而不是提出解决方案"的老观念，应该认识到最高管理层必须首先及早发现问题才能在此基础上制订和推行解决方案。

重新确立起业绩把控、评价机制

企业中战略企划部门的职能就是指出企业发展的方向和需要面对

的问题。与此相对，究竟是否切实地执行了企业发展战略，衡量部门对于具体目标的完成情况则是业绩把控和评价机制应该完成的职责。当然，企业的管理部门通过预算和决算等手段在一定程度上正在完成这些工作，但从结果来看，管理部门倾向于完成数据的收集和汇总等文案的工作。真正重要的是，为了完成企业的目标，是否在正确的方面以合适的方式投放和使用了企业的资源，以及检视企业发展中的关键前提条件是否已经产生了变化；在不断向企业的最高管理层"进言"的同时，业绩把控和评价机制的作用是报告最高管理层目标的执行情况而非修正企业的发展方向。特别是在企业的经济资源投入方面，很多企业倾向于以自身企业过去为基准对现在的投入情况进行衡量，然而正确的方式却是以竞争对手所投入的资源为基准进行对比才能获得有价值的结论。

绝不能把企业今天的发展看成是企业过去发展的延伸，这一点极为重要。在这样的前提下，企业的业绩把控和评价机制就必须做好心理准备去开创并完成前所未有的新的职能。事实上，很多企业都以"企业内没有这样的人才"等借口，对业绩把控和评价机制的建立半途而废而无法取得应有的效果。

面向经营资源开发的战略部署

随着部门自律化的不断推进，如果能同时不断完善最高管理层，支持系统，那么剩下的问题就是如何面向经营资源的开发而进行战略部署了。在这样的情况下，有两个关键点必须引起足够的注意：一是正确把握为了实现战略目标所需的资源内容及数量；二是企业应该采取什么样的姿态去积极地筹备这些经营资源。

以人力资源为例来说，在很多情况下企业固有的价值观会成为人力资源部门开展工作过程中的一大障碍。很多时候，企业的人力资源部门并不能正确地理解企业的战略发展方向，当然也就无法通过自身的工作让企业人员的配置充分地反映这种发展趋势对人才的需求。很多情况下，人力资源部门都会简单地以一句"公司内部没有符合这方面要求的人才"为理由了事。与真正付出努力寻找并且找到合适的人才以实现企业发展的目标相比，人力资源部门的领导更关心如何去向最高管理层进行汇报。在企业缺乏合适的人才时，从没有听到过哪个企业的人力资源部为此承担过责任。在下一节中将会围绕企业面临的人才问题详细论述。对于企业人力资源部门的思考和行为方式彻底进行重新思考的时代已经来临。

对于企业来说，经营所需的资源绝不仅限于人才这一个方面。在资金和技术之外，最新的发展趋势是把企业形象也同样视为一项重要资源。特别是在电子、生物等大量人才频繁横向流动的行业内，保持对优秀人才的持续吸引力显得尤为重要。在消费品行业，企业本身的形象在一定程度上代表了产品的形象，这样的例子为数不少。

四、个人能力的再开发

人力资源部门有必要进行改革

一个企业的"变身"事实上就是这个企业中的每一个员工在思考和行为方式上的改变。在组织和经营系统方面的改变虽然相对比较容易，但即使组织和经营系统有了改变也不一定代表着企业中的每一个人的思考和行为方式发生了改变。为了实现企业的变革，就必须具备极大的精力和热情、彻底改变想法以及设计出周到的变革计划。

虽然企业的最高管理层不厌其烦地强调企业变革的重要性，但是真正处在企业变革核心地位的人力资源部门却始终无动于衷，在思考方式和行为方式方面没有做出任何改变。在实际工作中这样的例子屡见不鲜。如果一个企业想要开展真正意义上的变革，就必须从人力资源部门入手开展变革。

第一就是必须从根本上重新认识人力资源部门所承担的责任。对于人力资源部门来说，与战略或客户等"外界"的距离是整个企业当中最为遥远的。为了维护人力资源管理中的公平性，人力资源制度一旦建立，在相当长的时间内就要维持稳定而不做出调整。为了维持表面上的平等，在企业内部尝试采用新的人力资源策略的意愿也在逐步退化。结果是整个人力资源部门的工作基本上就是围绕着员工福利、根据部门对人员的需求对人员进行调整以及招聘和新员工入职培训等，不过是在不断持续维持旧的体系而已。

如果要想真正实现企业的变革，就有必要赋予企业的人力资源管理部门以"对人力资源调整和开发"的责任并直接对企业的最高管理层负责。当然也有必要在这个目标实现情况的基础上评价人力资源部门部长的业绩。为了实现真正的企业"变身"，管理层就必须对新的思考和行为模式、大量的制度和企划中的"试错"有充足的心理准备。

第二点是如何才能让人力资源部门真正接受上述这种精神准备。基本上最重要的是，培养人力资源部门围绕公司实际工作的需要来开展工作，最大限度地避免人力资源部闭门造车式的开展工作。野村证券在保持企业的活力方面堪称典范。在野村证券。一般来讲都由做业务出身的人来担任人力资源部门的要职以维持企业的活力。正是在这样的人力资源管理模式下，才催生了大胆采用具有活力的外部人才及每年派遣 30 名海外留学生等的计划。

只有明确地对人力资源部的职责进行定义，聚集起具有超强能力的人才，并完成人员能力的再开发，才能踏出企业变革的第一步。在这样的过程中必须制订出周密翔实的行动计划。

有必要对管理者进行再教育

仔细观察企业内部的教育体系就不难发现，从对新员工入职教育的研修开始，到主任、股长（"股"为科的下属组织机构）的任用等，再到各种各样的制度开发，以及自我陈述等，尽管企业采用了很多方法提高员工的工作热情，但在大多数情况下都没有起到鼓励员工通过"自学"的方式逐步进入干部层的作用。

随着企业逐步进入高速发展期，企业内部也会对这样的方法到底是否合适进行反思。这是因为现在已经进入了要尽快让新人也达到和前辈同样的水平和能力，实现战斗力的时代。然而对于今天的企业来说，最重要的事情是摆脱旧有的发展模式，学会新的发展阶段的工作方法。企业必须充分认识到，新进入企业的员工也就是所谓的"新手"恰恰最容易掌握适应新环境的思维方式和行事作风。事实上，这些想法和做法很难被企业内资历深的员工所接受，所以才必须打破原有的思维模式接受新的想法。

在这样的情况下，对今天的企业人力资源管理部门来说，如何才能改变企业管理者的思维和行为模式，即如何才能实现对于企业管理者的再教育成为一个迫在眉睫的重要课题。从这个意义上讲，现在大多数企业的人力资源管理部门针对"新人"的教育和培训完全"搞反了工作对象"。

　　然而也确实有一部分企业认识到了对干部进行再教育的重要性。比如说，日立公司规定所有未来有可能成为部长一级甚至是董事一级的干部都必须接受干部培养学校的再教育，全体集中起来在一年中接受为期一个月的再教育。野村证券也是一样，全国的营业部店长都必须接受为期两周的管理研修。当然，像这样短期的培训很难改变在长年累月的工作中逐步积累起来的思维方式，但关键是这些企业中人力资源管理的重点从新人转换到了干部层，这才是最重要的。

人才新技能的开发

　　上述的人才开发计划基本上都把重点放在了对管理者的培养这一点上。然而今天企业转型要求的是企业内部的人才具备和从前完全不同的新的技能。在旧的时代在部分管理者中间流行着"做得出来就能卖得出去"、"只要便宜就能卖出去"之类的想法，这样的管理者对"市场营销"和"商品企划"这样的概念闻所未闻。然而在今天的时代，是否具备了抓住客户的"心"的能力对于几乎所有的行业来讲都是至关重要的。

　　不断将其他行业的技能导入到自己的行业中来同样变得非常重要。对于银行业来说，在市场成长和证券业务扩大的背景下强化市场管理能力已经成为不可或缺的重要能力。对于行情进行管理的能力也正在变得越来越重要。对于像医药行业、建筑行业和汽车行业等预计未来将在海外市场大展拳脚的产业界来说，向诸如家电行业等已经先行在海外开展了大量业务积累了实践经验的行业学习就变得非常重要。以这个意义上讲，"对于企业而言究竟什么样的技能才是必要的"这一问题的答案已不再是培养管理者的，而应变成培养对于组织来说新的人才和从其他行业内积极学习经验。再比如像三菱银行这样的企业，服务的对象包括个人客户和企业客户，未来还会向海外发展新的业务，针对不同类型的客户就需要培养新的复合型的人才并积极从其他行业学习能够推动自身业务发展的经验和能力。

四个步骤

如果想要培养出具备不同领域知识和技能的人才，就必须切实分成四个步骤来完成培养的过程。这四个步骤分别是人才招募、人才培养、动机赋予和人才代谢。这四个步骤之间具备内在的联系，通过不断重复这四个步骤可以实现人才的不断开发（图5-3）。

在这四个步骤当中，前两个步骤即人才招募和人才培养其含义一望而知，而动机赋予和人才代谢的含义则令人费解。比如说"经营"是对于无论什么行业都非常重要的一个能力。当然是在人才被录用之后经过各种各样的培训使得人才具备经营的能力。然而对于动机赋予来说，除了承诺未来担任管理岗位和各种奖金之外，还有许多重要的手段和方法。比如对业务员来说，未来的业绩目标是以前期已经实现的业绩为基础设定的。这样就会造成现在越努力就会导致未来的任务越沉重而越难以完成的窘境。结果是业务员会适当地"控制"当期的业绩，换来未来相对更低也更容易实现的业绩目标。

从企业的角度讲，必须考虑如何才能成功地赋予业务员完成业绩的动机。某医药品批发企业在今年业务急速增长，在这份亮丽的成绩单背后是该公司施行的强制分组式刺激管理制度。根据小组的总体业绩给小组设定相当金额的资金，而这些资金的使用方法则完全由小组内部来决定。通过这样的办法一个小组就形成了一个经营实体，在这样的小企业式的经营实体繁荣的同时，其内部成员也获得了相应的利益。

第四个步骤就是人才代谢。在大部分的人才培养、使用计划当中都没有设置这一项内容。以企业的销售人员为例，在一定的年份以内业绩都会处于增长的态势，然而一旦超过了一定的年限销售人员能力的增长会陷于停滞，销售业绩也会停滞不前。也就是说，销售人员能实现的销售额也同样遵循成长曲线的规律。对于像药品和汽车这样相对比较单纯的销售活动来说，一名销售人员在进入公司之后几年之内销售业绩就会达到顶峰，与此同时，销售人员的薪资也会同步地达到最高点，从对公司在经济上的贡献来说，也是在进入公司的数年之后达到最高点，之后就开始走下坡路。

对于一个公司而言，如果保留大量已经度过了职业生涯高峰期的销售人员而不进行人才代谢的话，公司内人员的平均年龄就会不断增大，人员臃肿和运营效率低下。所以，对于已经度过了职业生涯最高

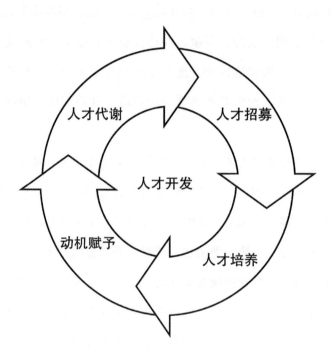

图 5-3　人才开发的步骤

峰的销售人员来说，如何给他们指定工作就成了一个需要解决的问题，需要制订一个周密的计划才行。比如说推荐他们去下级经销商那里工作就是一个很好的办法。或者是对他们重新进行培训，使他们获得新的能力以从事其他方面业务，当然这样做就需要从整个企业的层面上进行统筹的安排。通过这样的人才代谢机制可以使公司的销售部门保持人员的年轻化，从而一直保持对竞争对手的竞争优势。

人才是产品附加值的源泉

其次就是必须转变看待人的方式。

对于日本的大型企业来说，在度过了高度成长的阶段之后，由于此前一直对中高级管理人员采取"终身雇佣制"以致人员结构僵硬。此后出现了"被终身雇佣制所保护的人越少才越好"的观点，有些企业一旦出现了业绩的下滑就立刻停止招聘应届毕业生。类似这样的做法产生的根源是当企业的管理者用劳动生产率来衡量企业的运营效率时，不是把精力集中于"分子"——实际产出而是集中于"分母"——人员实际工作时间。

但今天有必要重新审视类似这样的管理学上的"神话"。

首先就是"临界数量"的思考方法。也就是说，对一个企业而言，在某一个关键任务上投入一个人、两个人是无法取得应有的效果的。只有集中投入一定数量的人员才能取得效果。在这个过程中，人与人之间的相互作用产生的复合效应才是临界数量发挥效应的关键。同时在整个企业组织当中，要想对其他部门以及管理层做出的其他部署产生一定程度的影响，也需要具备由一定数量的人员组成的团队才能达到应有的效果。

针对"企业中的人"最积极的观点是不再把人看成发生费用的原因而是企业附加价值产生的源泉。具备这样的观点对于不同行业的领导者来说都很有必要。

近距离观察一些在最近取得了高利润率的企业，就不难发现它们当中不但包含了发那科、爱普生这样在高技术领域里的制造型企业，还有诸如7-11和日本警备保障这样在所谓"服务行业"里运营的企业（如图5-4）。

特别引人注目的是，服务行业的企业大多需要大量的员工。在实现十亿日元的销售额的员工数量的指标当中，爱普生仅二十名员工，但7-11则需要280名员工。单从计算的结果来看，服务行业里的人员是制造业人员的十倍以上才实现了同样金额的销售额。这样的情况在其他的服务类行业中也有出现。归根结底，在最近的一些实现了高销售额的企业当中，需要大量从业人员的服务类企业数量正在增加。

虽然在制造业中也一直有向所谓"软件化"和"服务化"转变的倾向，但是不可否认的是人正在成为企业产生利润的一个重要来源。在这样的前提下，人力资源管理部门作为企业中对于人才进行管理的部门所担负的责任正在变得比以往都越来越重要。

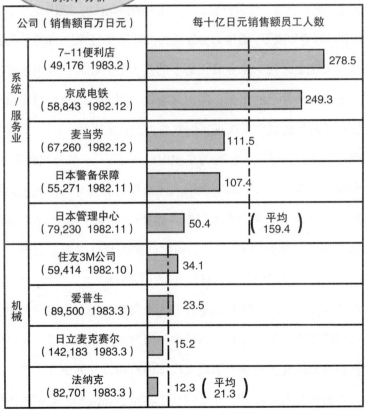

公司（销售额百万日元）		每十亿日元销售额员工人数
系统/服务业	7-11便利店 （49,176 1983.2）	278.5
	京成电铁 （58,843 1982.12）	249.3
	麦当劳 （67,260 1982.12）	111.5
	日本警备保障 （55,271 1982.11）	107.4
	日本管理中心 （79,230 1982.11）	50.4 （平均 159.4）
机械	住友3M公司 （59,414 1982.10）	34.1
	爱普生 （89,500 1983.3）	23.5
	日立麦克赛尔 （142,183 1983.3）	15.2
	法纳克 （82,701 1983.3）	12.3 （平均 21.3）

资料来源：钻石公司概要
　　　　　工商调查
　　　　　帝国数据银行

图5-4　实现10亿日元销售额的从业人员数量比较(含兼职和临时工)

对"冠军"的发掘

在企业转型"变身"的时代,管理层对于人才的看法还有一点必须转变,就是在企业转型的过程中具有不可或缺的意义的人才不一定是传统上在企业内对业务勤勤恳恳、任劳任怨、具备优秀的协调性的"组织人",而是对未知充满好奇和渴望、有能力勇敢挑战和创造的"公司内部的企业家"。

在今天这个时代,企业真正需要的是有能力超越企业内部的官僚系统,敢于坚持自己的主张,同时又有能力以必死的决心付出艰苦的努力使自己的想法最终变成现实的堂吉诃德式的人物。

我们通常把这样的人物称为企业中的"冠军"。从公司的角度讲,为了发掘和培养出这样的冠军级的人才必须要有充分的勇气去设置能够发掘出这类人才的人力资源机制。比如说美国的 3M 公司以能够开发出独特的新产品而闻名。3M 公司的研究人员可以为了实现一个新的创意而申请跨部门的合作以开展研究(图 5-5)。

在日本公司当中,富有远见并在人力资源管理上做出了大胆尝试的公司同样比比皆是。比如本田公司的研发部门本田技研,在这样的研发机构内部研究者被赋予了最大程度的自由以开展研究工作,通过公司内部的研究人员协力才开发成功了本田迷你汽车。除了本田技研之外,TDK、住友等在研发方面取得优异成绩的公司在耀眼的光环背后,大多有"研究型企业家"的不懈努力做后盾。比这更为重要的是,企业内部对于人才的培养、发掘和管理机制才使得这些企业能够爆发出如此强的生机和活力。

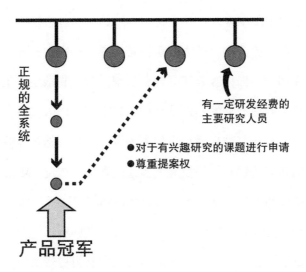

图 5-5　自由开发课题的申请（3M 公司的研发体制）

潜在人才的发掘

在人才招募的阶段，必须打破以往的在公司内部挑选人才的固有模式，而要把视野放开，公司外部的优秀人才只要适合公司发展的需要，也必须纳入到公司的人才招募计划当中。在公司内部挑选人才时还需要把目光放宽，把女性以及那些具备独立自由思考能力的人也纳入到考察的范围中来。

然而在大部分企业的人力资源管理部长们眼中，外部人才都很难被吸收和利用。即使吸收了一部分外部人员，其结果也不理想。他们对女性员工则抱有女性不能认真地承担重要工作的偏见。在这些想法的作用下，上述打破常规用人的人力资源策略虽然也能获得管理层一定程度的认同，但是几经反复大多还是以失败告终。如此一来，企业的竞争手段和竞争力就不可避免地会遭到削弱。

这样的人才如果能够负责技术开发或者销售活动的话，无论要完成的任务看上去多么艰难，也要尽最大的努力进行尝试，而不会在没有进行尝试之前就列举出要面临的困难提前为自己的失败找借口。

如果仔细地对企业的人力资源管理政策进行审视就不难发现，超一流的大企业从一开始就吸引了一大批优秀人才，从而在人才的层面上为企业未来的发展提供了保证。然而这样的人力资源管理策略还是限于在企业的稳定成长期才最有效。

在战后发展起来的新行业——超市业以及最近才兴起的一些新的服务类型的行业都对人才的选拔有新的理解。在 Recruit Center 和宅急便以及大和运输等企业中，大量的重要员工都只是临时工。而在此如服装行业等产业里女性员工在活跃程度上丝毫不逊于男性员工。从这个观点看，传统企业必须重新检视自己的人力资源管理政策以发掘企业内部已有的潜在人才的能力。如果不能做到这一点，那么对于企业发展的未来必将构成极大的限制。

　　有一家化学品制造行业的中坚企业，为了招募外部的人才，为外部的人才提供了具有吸引力的薪酬，反过来修改了自己公司内部的薪酬制度。而另外一家服装公司在制定人力资源政策时以如何才能最大限度地发挥女性员工的主动性作为思考的出发点。重点是只有转换视点，重新确立起适应企业发展需要的人力资源制度，才能在和竞争对手的直接对抗当中确立自身的优势地位。

五、强调改变企业和外部之间的"窗口"

改变企业和外部之间的"窗口"的两种方法

从企业变身转型的角度来说，转型的结果就是客户和竞争对手等"外部"因素与企业之间的"窗口"发生了改变。企业内部承担着和外界沟通功能的部门在思考和行为方式等方面都必须相应地做出改变。

在这样的大背景下，大体上有两种思维模式。其一是对企业和外部之间的"窗口"本身进行改变。第二则是把企业内部的员工重新组成新的组织形式，在新的组织形式下开发出新的企业与外部之间的"窗口"。从理论上讲，这两种方法都有其合理之处。从实践的经验和结果来看，大多数企业都倾向于首先采取第一种方法而最终却很难取得比较理想的成果。

人员臃肿的恶性循环

很多制造企业都曾经历过"造得出来就卖得出去"的时代。在这样的一个时代里，面向国内客户的销售部门的主要使命就是注意国内物流的安全和准时。而面向国外客户的销售部门则只要具备了熟悉出口问题的专家就可以完成任务。对于工厂来说，则只要确保在交货期内按时完成生产便万事大吉。

然而随着市场逐渐趋于成熟，消费者需求不断多样化，这样的情况开始发生重大的改变。首先就是对于企业的销售部门而言必须能够抓住消费者的心，开始向着真正的市场营销的方向发展。在销售的过程结束之后持续不断地跟踪消费者也开始成为一项真正重要的工作。对面向海外市场的销售部门来说，不光要熟悉国际贸易实务，还需要负责强化本公司在海外市场的形象，并且针对多样化的海外市场制定不同的销售策略。对工厂来说，从成本的控制到品质的管理一系列的变化正在使得对工厂的要求越来越高。

然而面对这一系列悄然发生的变化，担当起企业对外的"窗口"重任的部门却往往无动于衷，没有再积极地做出新的思考，行为方式也没有任何变化。大多数的企业管理者，只是把企业后勤的人员组织起来应对企业外部环境的变化。产品品质管理本部的设置是为了顺应消费者对产品品质的关注。大多数企业也确实成立了专门的部门来应对原材料价格的上涨和消费者需求的变化。

毫无疑问，有必要把企业的员工数量控制在合理范围内的最低程度。对于一个实现了自律化的公司来说，对外"窗口"的工作可以被分解到各个部门的层面。所以从结果上看，大多数的情况下依然是下级员工组成的部门在承担这一责任。对于企业的最高管理层来说，离自己越近的员工的声音越容易被听到。于是最高管理层所制定的政策也就越来越倾向于满足这部分员工对公司的建议和要求。从此，企业就不可避免地进入了人员越来越臃肿的恶性循环，而真正能够改善对外"窗口"的需求很容易被忽略。

在这样的情况下，最高管理层所制定的方针容易面向部门而制定，然后再由各个部门对总的任务进行分解各自完成。最终再由最高管理层对于没有完成任务的部门"打屁股"，做类似警察一样的监督和惩罚工作。

在另一方面，在实际工作当中，员工们开始采取行动避免变化，开始产生依赖的心理。员工们采取的行动基本上是对原有状况的延长而拒绝做出改变。一旦这样的情况持续下去，员工的人数就会无限增加，而人数的增加并不会导致依赖心理的减少。

当然，并不是所有的员工都会和企业与外界之间的"界面"产生联系，企业还是有必要花费一些时间来寻找企业内部存在的问题。企业逐渐倾向于依赖部门提供情报，而部门的对外工作则相应地越来越多。员工们不得不花费大量的时间处理文件和资料。最终导致企业组织的肥大，同时对外界变化的反应能力却在下降，最高管理层想要强化企业对外界变化的反应能力的努力也以失败而告终。

重视企业和外部之间的"窗口"

我认为，要想顺利地实现企业的"变身"就必须对于企业和外界之间的"窗口"到底该如何改变有清醒的认识。面对这个方面存在的问题也必须正面地去面对。

如前所述，企业和外界之间的"窗口"其实并不仅限于客户和市场，还可以从更为广泛的方面对这一"窗口"进行重新定义。特别是在电子工程和生物技术等先进技术领域里，企业外界的优秀人才同样应该被视为企业外界的一部分。在这样的情况下，企业的人力资源管理部门也就自然而然地成了企业和外界之间的"窗口"。而为了维护企业对外界的整体形象，企业的广告部门也同样应该被视为企业和外界之间的"窗口"，从而基于这样的一个出发点做出相应的部署。

除此之外，根据企业所在行业的不同，像行政类的服务窗口也应被视为"窗口"的一种。在银行业和证券业当中，这一政策具有非凡的意义。

说到底，应该如何去改变企业的思维方式和行为方式以改变企业和外界之间的"窗口"呢？当然并不一定存在一个具有普遍意义的答案。以企业的最高管理层为核心综合考虑企业的组织方式、经营系统和人才以及环境等因素，通过变化使得企业进入良性循环才是关键。在下面的部分中将要结合具体例子来进行讨论。

六、重视能完善企业机制的软件

组织内的 7S

我们不应该一提起组织就把组织想象成组织机构图描绘的那样，而应该把组织理解为是由各种各样的因素构成的有机体。

只要回顾一下与组织相关的思维方法的演变就不难发现，组织最新的发展方向是重视"人才"和"组织文化"之类的企业软件。

传统的组织管理理论上始终是围绕着组织机构图为核心的理论，诸如按照不同的机能来划分组织机构、事业部制度、组织矩阵等来进行讨论的。

进入 20 世纪 70 年代之后，美国的超大型企业数量增多但增长速度却在下降。在这样的背景下这些企业在如何对有限的经营资源进行分配才能在与竞争对手的对决中占据优势的方面进行了深入的思考。

结果就是：按照业务内容对企业内部进行划分的办法得以采用，这也就是常说的战略事业单位（SBU）管理策略。同时经营计划的执行状况、短期预算管理、高精度预测竞争环境变化以及对于竞争对手采取的策略进行分析和检视等手段都获得了广泛的采用。然而，上述讨论的种种方法都依然限于对企业的"硬件"部分进行分析和改进。

与此形成鲜明对照的是，近年来，组织机构不再被认为只是由组织机构和经营系统等要素构成的，除此之外，企业文化、企业环境、人才状况等"软件"的部分开始得到重视。基于这一根本转变的企业组织管理形式也开始浮出水面。

麦肯锡公司对上述各种因素进行了总结和概括，提出了企业组织的 7S 这一基本理论。7S 构架的形成就是通过在英文中 7 个以 S 开头的单词来指出对于企业组织来说必须关注的 7 个方面。这 7 个英文单词分别是 Shared Value（企业理念）、Strategy（战略）、Structure（组织结构）、System（经营系统）、Staff（人才）、Style（经营风格）和 Skill（组织能力）。

"企业理念"清楚明确地指出企业存在的目的、发展的方向和存在的基础，并以企业理念的形式呈现出来以便在员工之间传播和分享。比如说：佳能公司的 First Class（最高等级服务）；在外国企业当中比如 IBM 公司的 IBM Means Service（IBM 就是服务）和 Caterpillar 公司的 24 hours service around the world（24 小时到达全球）等。

企业理念最重要的一点不是企业中所有的员工都能背诵，而是在潜移默化之中对企业内员工的思维模式和行为方式产生巨大的影响，并构成判断员工行为是否符合企业战略的一个基本标准。比如说在IBM 公司的分公司里，如果收到客户投诉，分公司的经理要负责处理客户投诉。如果在分公司经理不知道、没有做出任何处理的情况下，客户投诉就被上报到了总公司的话，就会在业绩考评时作为重要的失误进行处理。Caterpillar 公司则坚持在 24 小时之内为客户提供服务的原则，在这样的原则下，公司内部规则的障碍和会给公司带来费用等都不构成不为客户提供服务的理由。Caterpillar 公司就是通过"企业理念"的方式把企业的核心价值观灌输给了每一位员工。

这里，我认为有必要针对企业的经营风格和人才储备进行一些特殊的说明。

"经营风格"：是企业的最高管理层以独裁的形式决定的，或者说是对企业管理风格是否强硬、在什么样的程度上对责任和权力进行分配等问题进行的说明。

自古以来就有"公司是由人组成的"这样的说法。也就是说，在企业内部存在着什么数量的、什么样风格的人，具备什么样的特长和条件，反映了企业人才储备的水平。

这 7 个 S 当中的最后一项是"组织能力"。这一项内容指的是从企业整体的角度看，企业拥有和具备了什么能力的问题。如前所述的超市行业，能够"抓住消费者的心"就是企业能力的一种体现。在比竞争对手更低的成本水平下到达消费者身边为客户提供服务也是企业能力的一种体现。

有必要综合考虑各个要素，达到"平衡"的状态

如果对成功实现了素质转变的企业进行一番检视就不难发现，在企业内部上述 7 个 S 所代表的各个要素达到了一定程度上的平衡状态。

如前所述的佳能公司，首先以确立"企业理念"作为企业改革的出发点。

佳能公司从 20 世纪 70 年代公司创立以来在经历了进入台式电子计算器领域遭遇重创之后，首次出现了亏损。对于一般的企业来说，为了在短时间之内扭亏为盈，通常会采取一些聚焦于改善企业短期经营状况的手段。然而佳能公司却提出 First Class 作为企业的理念，并在短短的 3 年之内就跻身日本第一流企业的行列，在此后的 3 年中又成为世界第一流的企业。佳能公司能够取得如此令人瞩目的成功，其背后强大的企业理念可以说起到了非常重要的作用。正是在企业理念的指引之下，佳能公司才能够采取多种改革的措施和方法，最终完成了企业的华丽转身。

在组织机构方面，从传统上的按照组织机能划分向着按照事业部制划分的方式来转变，在这个过程中彻底采用了独立核算的方式。为了成为一流企业必须在生产、销售和技术等方面做哪些工作呢？佳能公司确立起了跨事业部的方式并组织起专门的委员会来讨论并回答这一问题。

在经营风格方面，为了让事业部的部长们能够完全对本事业部的业绩负责而对权力进行了分配，在人才方面则大力培养能够承担起责

任的人才。

通过上述这样综合全面的推进，佳能公司将业务的重点重新定位到单反照相机产品，不但发展了光学器材，而且还开辟出了办公机械这一新的领域。就这样，原本遭遇重创的企业在很短的时间之内就以一个优良企业的面貌复活了。这个故事在企业界可谓广为人知。

在住友银行实现企业革新的例子中，"软件"所起的作用也非常大。

在住友银行内部长期以来存在着通过"合议"的方式来决定集团的重大事务这样的方式。然而，这种传统的做法在要求企业高速应对环境变化的今天，已经让住友银行变得越来越难以适应环境的发展。于是住友银行的本部长青天井主导开展了"分权行动"。为了顺应这种企业发展背景上的彻底改变，住友银行下定决心在经营风格上彻底转变为以 Relationship Management（客户关系管理）为核心的管理风格。直接负责为客户提供服务的部门，住友银行实现了包含存款、融资、海外业务等综合责任和权力体系，采用"客户服务官"制度，并在此基础上开始重新部署企业的国际业务和证券业务开展方式。

上述这种企业的革新并不比单纯的组织改革和战略修正更为容易，企业最高管理层在调整企业发展方向和节奏的过程中必须找到7个核心元素彼此之间的平衡。

必须进行细致周到的安排

在企业革新之前，企业内的员工彼此之间的行为模式各不相同。

企业的最高管理层必须采取细致周到的安排把大家的思想和行为统一起来。在这个过程中，管理层的细致的工作就显得尤为重要。

首先，企业的最高管理层必须从自身做起，有必要通过自身的行动来"表演"给企业内的其他员工看。

企业最高管理层的行动可以让公司全体员工更容易理解企业变革的方向和内容，这是推行企业变革的有力武器。比如最高管理层希望在公司范围内推行"客户导向"，就可以增进最高管理层自身和客户直接接触的时间和频率；如果想要推行"国际化"就可以安排负责国内业务的领导出国考察等等，通过这样的办法可以让公司内部的员工对于公司未来转变的方向更加明确。朝日啤酒的村井社长在就任伊始就带领着年轻的社员在不同的酒吧里转悠，这也可以看成是公司对于客户表示重视的一个案例。

在企业发生变革的年代，在企业内部必须具有向着未知挑战的风气，这一点非常重要。不惧怕失败，敢于承担风险（图5-6）。还有必要对企业中原来存在的赏罚分明的风气做出改变。我认为在今天企业面临变革的前提下，赏罚分明还必须分清楚哪些是为了企业的变革而承担的风险。这一点对于期待自己的企业实现变革的企业家们非常重要。

再有就是今天已经进入了"速度时代"。在今天这样的时代中竞争正在变得更加激烈，市场的空间和成功的机会都会受到竞争对手的挤压。结果就是不同的企业大致上会做出基本相同的思考。在这样的背景下，执行速度的快慢成为决定胜负的关键。有必要在企业内部贯彻"80%原则"，以加快脚下移动的步伐。

所谓80%原则就是不再追求100%的肯定。TDK公司的素野哲会长要求公司的技术部门在一项技术开发到80%的时候就要向管理层做出汇报，以便管理层对这项技术的前景做出判断，以抢先于竞争对手占据技术方面的先机。就像这样明确地在企业内部贯彻的原则可以被视为企业发展过程中的"软件"，而正是这些"软件"将会对员工的思维模式和行为方式产生巨大的影响。

薪酬方式也正在成为企业家必须关注的方面。日本企业习惯于采用论资排辈、终身雇佣等制度，导致日本企业认为薪酬问题属于非根本性的问题，对于薪酬制度改革的讨论始终偏于保守。在这样的制度下，如果改革取得了成功仿佛也不会给个人带来太多的经济上的回报，如果改革失败了也不会导致个人在经济报酬方面受到太大的影响。与日本企业有所不同的是，美国企业采取了授予高级管理人员以及员工股票期权的方式来对员工进行激励，使得员工个人在经济上的收益和企业的运营结果直接挂钩。我相信在未来日本企业也必将采取类似的措施，进入薪酬制度的新时代。

像上述这样需要管理层细心周到处理的问题还有很多。如前所述的日本超市行业内新近推行的no-suit-day（无正装日）等就是打破常规的一个例子。企业实现成功变革的关键在于重新检视过去的运行中所形成的惯性，勇于打破常规下定决心进取的精神。

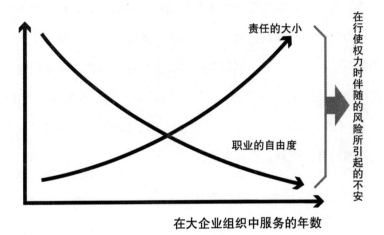

图 5-6　干部、员工的困境

管理的灵活性

最后一点就是，如果企业家真的想要把上述所讲的变革在企业中推行的话，作为管理层就必须首先改变自身对组织的看法。

如果把组织看成是传达指示和命令的一个系统，无论如何也是自上而下的方式更便于实施管理，更便于提高管理效率。

如前所述，如果想要为企业开发出冠军级的产品，开发出不同种类的能力的话，与提高管理的效率相比，还是发挥企业员工个人的主动性最为重要。企业的最高管理层有必要把这一点作为企业的管理方针进行明示。大约在两年以前，"大企业病"这一词语开始从立石电气、Wacoal、Daiei 等所谓的创业企业的领导人口中传开，有必要对这些问题提高警惕并仔细思考应对之策。

本章总结

在此对上述内容进行总结和整理。实现企业的革新是许多企业管理者在每年年初都要许下的心愿。然而为了达到这一目标，光是进行若干企业内部机构的改革是无法完成的。必须把从最高管理层开始到最底层的职员为止的所有人员包含在内，用数年的时间有序地、系统性地推进企业的革新，否则企业的革新是无法成功的。

根据企业的不同，企业内部员工在面对企业的变革时可能会感到不安和疑惑。导致这种情况的原因大多是企业的最高管理层没有充分强化施行变革的意图。企业的最高管理层必须充分挖掘出企业内部存在的问题点，向公司的每个员工都充分地明确解决方案，争取统一所有人的意见，才是顺利施行变革的前提条件。

在某些业务当中，成功的法则已经发生了变化。面对这种情况，企业的最高管理层需要重新定义成功的法则。

有必要从零开始对企业的运营体制、管理层和部门之间的权力分配等问题进行重新考量并做出调整。确立起新的体制，让管理层能够真正集中精力应对企业发展中遇到的重要问题，在一般性业务的判断和处理上通过实行部门自律化来解决。同时必须确立起最高管理层支持机制。

对企业内部的人力资源进行再开发是每个企业在变革的过程中都

不可避免的问题。有很多人力资源政策方面需要调整的内容都必须从人力资源部门的运作方式开始。再有就是企业管理者的再教育、培养人才新的技能、从前所未有的新视点看待企业的发展等问题都具有十分重要的意义。

企业的思维方式和行为模式的变化都是通过企业和外界之间的"窗口"传递到企业外部的，有必要持续地努力改善企业和外部之间的"窗口"，使其充分发挥作用。否则只会陷入企业内部组织部门不断肥大、效率却不断降低的状态中。

最后，解决企业组织的问题不能只看到组织的结构，企业的理念、经营风格、人才等"软件"部分也必须加以注意。针对这些"软件"部分，管理层必须细致周密地做出安排和部署。

以上种种部署必须协调统一有条不紊地推行。机敏地应对时代的变化才是在长时间内成为并保持优良企业的重要条件。